나에게는
꿈이
있습니다

문경희 지음

더봄

2014년 6월 지방선거 당시 마석장터에 선거지원 나온 '문재인'과 함께

"지역공동체를 가장 가까이서 대변하는 사람"

안녕하십니까! 문재인입니다.

문경희 의원은 지난 대선 때 저의 대선캠프 여성네트워크팀장을 맡아서 누구보다 열심히 저를 도와주셨습니다. 그 고마움을 늘 간직하고 있습니다.

도의원, 시의원은 지역공동체를 가장 가까이서 대변하는 사람입니다. 우리 동네를 가장 잘 아는 사람, 지역주민과 함께 울고 웃을 수 있는 사람, 지역 현안을 자기 일처럼 생각하는 사람, 그런 사람이 되어야 합니다.

제가 그런 사람을 한 분 추천하고 싶은데요, 바로 문경희 의원입니다. 문경희 의원이 또 한 번 경기도의원에 도전합니다. 정말 잘하실 분입니다. 경기도민께서 키워주시면 앞으로 더 큰 역할을 해주실 분입니다.

문경희 의원님, 힘내십시오. 파이팅!

문재인_2014년 6월 지방선거 공보물 중에서

"나에게는 꿈이 있습니다!"

생애 처음으로 책을 펴내야겠다고 마음을 먹었을 때 제일 먼저 생각나는 문구가 있었습니다. 위대한 비폭력 인권운동가이자 노벨평화상 수상자인 마틴 루터 킹 목사의 말씀입니다.

"누구나 위대한 사람이 될 수 있다. 왜냐하면 누구나 남에게 필요한 존재가 될 수 있기 때문이다."

그 말을 떠올리며 속으로 다짐했습니다. '그렇지. 위대한 인물이 되는 것이 쉽지는 않겠지만 적어도 남에게 필요한 존재는 될 수 있도록 하자.'

사실 저는 늘 그런 생각으로 살아왔습니다. 특히 '정치'를 하면서는 더욱더 가슴 깊이 이 말을 새겼습니다. 남에게 필요한 존재, 세상에 필요한 존재가 되자!

이 글을 쓰고 있는 현재 대한민국은 2022년 3월 9일 치러질 20대 대통령 선거로 뜨겁습니다. 각종 정책들을 포함하여 수많은 슬로건, 선언, 구호들이 넘쳐납니다. 때론 정제된 형태로, 또 때론 그냥 입 밖에 나오는 대로, 셀 수 없이 많은 말들이 쏟아집니다. 또 그 말들은 여러 사람들의 손을 거쳐 글이 되고 언론이라는 매개체를 통해 국민들 개개인의 삶 속으로 전파됩니다.

자세한 얘기들은 책의 본문을 통해 밝히기로 하고, 프롤로그에서는 두 가지에 대해서만 언급하고자 합니다. 하나는 '공정'이고 다른 하나는 '위기'입니다.

먼저, '공평하고 올바름'이라는 사전적 의미를 갖고 있는 공정^{公正,} fairness에 대해서입니다.

'나무위키'를 보면 공정에 대해서 이렇게 소개하고 있습니다.

"세상은 공정해야 올바른 사회라고 볼 수 있다. 세상이 공정하지 못하면 각종 비리들이 판치게 되고, 매우 오염된 사회로 전락해 국민들이 살기 매우 힘들어지고 국가 막장 테크트리를 탈 수밖에 없다. 선진국들일수록 누구나 잘 먹고 잘살 수 있도록 공정한 사회를 만들기 위해 온 힘을 다하고, 반대로 후진국들일수록 공정한 사회 따위 개나 줘버리며 지배층들이 피지배층들을 마구 수탈하고 학살하는 등 온갖 만행을 저지르는 경우가 많다."

다소 거친 표현도 눈에 띄고, 선진국과 후진국으로 나누어 이분법적으로 접근하는 방식도 딱히 맘에 드는 것은 아닙니다. 하지만, 공정이 의미하는 큰 의미만큼은 적절히 표현한 것 같기도 합니다.

현재 우리나라 제20대 대통령으로 가장 유력하게 평가되고 있는 더불어민주당의 이재명 후보와 국민의힘 윤석열 후보 모두 '공정'을 외치고 있습니다. 하지만 그 기준이나 적용방식 혹은 실천방식은 참 다른 듯합니다.

제가 경기도의원으로서 지켜봤던 이재명 후보는 지난 2018년 경기도지사 당선 후 '새로운 경기, 공정한 세상'이라는 슬로건을 내걸었습니다. 그가 떠난 지금도 경기도청에는 깃발과 건물 외벽 등 곳곳에 '공정'이라는 두 글자가 또렷이 새겨져 있습니다. 최근 이재명 후보가 한 언론을 통해 "공정은 내가 던진 화두인데, 최근에는 윤석열 후보의 전유물인 양 비쳐지는 모습이 안타깝다"고 밝힐 정도입니다. 저 또한 선거 정국에서 퇴색해버린 공정의 가치 때문에 마음이 참으로 착잡합니다. 하지만, 저는 도의원으로서 도지사가 내건 '공정'에 대해 수없이 되새김을 하며 그 실현을 위해 함께 고민하고 노력했습니다.

반면, 문재인 정부의 검찰총장 출신인 윤석열 후보는 '공정과 상식'을 내세우며 자신의 순결성과 투명성을 강조하고 있습니다. 물론 가슴에 와 닿는 지점은 없습니다. '김건희'라는 이름 세 글자와 함께 떠올려지는 조국, 정경심, 그와 대조적인 처가의 각종 의혹……. '공정하다'고 말하기에는 너무 상식적으로 맞지 않습니다. 말 그대로 '몰상식'이며 '비상식'입니다.

제가 공부와 경험을 통해 내린 공정의 의미는 "약자 쪽으로 기울어진 저울이어야 한다"는 것입니다. "저울은 무조건 평평해야 한다"는 논리로는 '기울어진 바닥 위에 올려진 저울의 불평등성'을 극복할 수 없습니다.

우리는 기울어진 바닥의 반대편 저울에 무게를 두는 현명함으로 균형을 잡아가야 합니다. 이것이 제가 생각하는 공정입니다.

가진 자들, 지배자들, 기득권층이 꼭 움켜쥐고 절대 놓지 않으려는 기울어진, 비뚤어진 세상 속에서 힘없고 약하고 지친 그들이 절망의 늪에서 벗어나 희망의 노래를 부를 수 있는 방법은 오직 그것뿐입니다. 우리의 정치는, 제가 꿈꾸는 공정은 그렇습니다. '약자에게 기울어진 저울'이어야 모두가 함께 먼 길을 갈 수 있습니다.

두 번째로, 제가 또 깊이 있게 다뤄보고 싶은 주제는 '위기'입니다.

기후변화로 인한 다양한 위기들이 있습니다. 특히 먹고 사는 문제가 걸린 식량 위기, 그리고 이에 대한 대안으로 떠오르고 있는 탄소제로(중립) 등이 그것입니다.

최근 한 공중파 채널에서 기후변화를 다룬 프로그램을 보았습니다. "자연에서 흔적 없이 머물며 탄소제로(중립) 생활에 도전하는 필環 환경 예능"이라는 설명이 붙어 있었습니다. 유명 배우 등 연예인들이 나와서 육지와 멀리 떨어진 외딴 섬에서 캠핑을 하며 달걀 한 개는 3그루, 국내산 소고기 안심은 277그루, 실내 샤워는 10분당 1그루…… 등등, 먹고 마시고 움직이는 행동 하나하나에 '그루(GRU)' 단위의 탄소배출량이 차감됨을 보여줍니다. 일주일 동안 모은 그루의 양만큼 나무를 심을 수 있기에, 출연진은 음식을 줄이고 폐자재로 식탁을 만들어야 합니다. 시청률을 떠나 참 좋은 기획이고 바람직한 모습이라 생각합니다.

최근 30년간 우리나라 연안의 해수면이 평균 9.1cm 상승했다는 보도도 있습니다. 2010년부터 상승 속도가 10% 이상 증가하며 해수면의 상승 속도가 점점 가팔라지는 것으로 나타났습니다. 그만큼 지구온난화가 심화했다는 의미이며, 또 그만큼 우리의 소중한 생활 터전들이 한순간에 바다 밑으로 사라질 수도 있는 위기가 성큼 다가왔다는 두려움도 같이 밀려옵니다.

이와 관련해서 생태학자 최재천 교수가 말하는 '호모 심비우스'가 가슴에 와 닿습니다. 배타적 속성이 강한 인간만이 한 종으로 살아가는 유일한 종이지만 새로 정립해야 할 인류의 이미지는 '호모 심비우스'라는 것입니다. 그 뜻은 미래의 지구에 이기적인 인간은 더 이상 살아남을 수 없으니 공생하며 살아가야 하고, 생물의 다양성을 인정하며 살아가야 하기 때문에 호모 심비우스라는 새로운 윤리를 가진 인류가 되어, 서로를 돌보고 지구를 돌보며 살아가자'는 것입니다. 즉, 생존 조건이 다시 윤리를 규정하고 그 윤리가 인간의 생존 전략이 되는 것이죠. 이런 의미에서 공생하는 인간, 즉 호모 심비우스를 말하는 최재천 교수님의 주장이 큰 울림으로 다가옵니다.

저는 공생, 공존하며 살아가야 하는 우리 사회에서 '약자에게 기울어진 저울'을 통해 공정을 실천하는 정치인이고자 합니다.

또한 저는 기후변화로 인한 위기에 현명하게 대처하고 극복해내는 정치인이고자 합니다.

저는 가방에 구두주걱을 항상 넣고 다니고 있습니다. 구두를 신을 때 사용하기 위해서입니다. 특히 운동화를 신을 때는 끈을 묶고 푸는 시간도 아까워서 처음부터 끈을 조금 느슨하게 묶습니다. 그래서 구두

주걱을 늘 가방 속에 넣고 다니면서 조금이라도 빨리 신을 신고, 더 많은 사람을 만나고, 더욱 많은 일을 하겠다는 것이 저의 의지입니다.

이 글을 통해 지난 삶을 되돌아보고, 했던 일들을 정리하며, 다가올 미래를 준비하는 기회로 삼고자 합니다.

정치인들의 책, 솔직히 재미는 없습니다. 하지만 조그마한 공감이라도 얻고, 약간의 정보라도 얻어 가실 수 있다면 다행이고 보람이겠습니다.

무엇보다 이 글 '프롤로그'만이라도 읽어주신 여러분께 진심으로 감사드리며, '믿음에 보답하는 정치인'이 되겠다는 다짐을 다시 한 번 합니다.

2022년 2월
경기도의회 부의장 문경희

우원식 국회의원

'공정'은 우리 사회의 시대적 화두가 되었습니다. 그만큼 우리 사회가 불공정하다는 반증이기도 합니다. 대기업과 중소기업, 수도권과 지방의 양극화는 불공정한 제도가 불균형을 심화시키고 이는 다시 불공정한 구조를 고착시키는 악순환이 심화되고 있습니다. '기울어진 운동장'을 바로 세우는 노력이 바로 정치의 가장 중요한 역할입니다.

문경희 경기도의회 부의장은 '공정'을 말이 아닌 행동으로 실천하는 분입니다. '평평한 저울이 아닌 약자에게 기울어진 저울'이어야 한다는 확실한 신념을 가지고 경기 남북부 균형발전과 성인지 정책을 비롯한 불평등 해소에 가장 앞장서 왔습니다.

문경희 부의장의 정치는 크고 거대한 담론을 이야기하지 않습니다. 평소에도 늘 주민들이 '정치를 통해 삶이 조금 더 나아졌다'고 느낄 수 있도록 노력한다고 말합니다. 〈교복은행〉, 〈이주민 인권 지원 조례〉 등은 약자에게 '기울어진 저울'로 접근하는 따뜻한 정치의 표본이 아닌가 싶습니다.

문경희 부의장이 이번에 발간하는 책은 3선 도의원 12년 동안 주민들과 함께 고민하고 만들어낸 정책과 꿈이 담긴 소중한 기록입니다. 더불어 교육, 복지, 경제 등 다양한 분야에서 불공정과 불평등을 바로잡기 위해 발로 뛴 경험을 담은 '공정 실행서'이기도 합니다.

故 노무현 대통령을 보내드리면서 불공정한 사회에 맞서겠다는 각오로 시작한 정치는 이제 희망과 공정한 세상을 위한 노력으로 빛나고 있습니다. 처음 품은 뜨거운 마음 그대로 뚜벅뚜벅 자신의 길을 걷고 있는 문경희 부의장에게 큰 격려와 응원을 보냅니다.

박정 국회의원

안녕하십니까? 더불어민주당 경기도당위원장을 맡고 있는 파주시을 국회의원 박정입니다.

문경희 경기도의회 부의장의 저서 《나에게는 꿈이 있습니다》 출간을 진심으로 축하드립니다.

3선 경기도의원 문경희 부의장은 복지 분야에 남다른 혜안을 갖고 있는 분입니다. 특히 2016년부터 2018년까지는 경기도의회 보건복지위원장을 맡아 복지 사각지대가 없는 경기도를 만드는 데 큰 역할을 했습니다.

초선 때에는 '학교용지분담금'이라는 당시 경기도청과 경기도 교육청과의 해묵은 과제를 푸는 중심 역할을 하기도 했습니다.

'약자의 편에 기울어진 저울로 세상을 바라본다'라는 문경희 부의장만의 공정의 시각은 우리 정치가 지향해야 할 방향을 제시해 주기도 합니다.

책 내용 속에 나오는 '변하지 않는 것으로 세상의 다양한 변화에 대응한다'는 이불변응만변以不變應萬變의 철학은 문경희 부의장의 뚝심을 잘 보여주는 대목이기도 합니다.

지금처럼 뚜렷한 가치관으로 급변하는 사회와 다양한 변화 속에서 정도를 걷는 모습을 계속해서 보여주시길 기대합니다.

다시 한 번 《나에게는 꿈이 있습니다》 출간을 축하드리며, 문경희 부의장의 그 꿈이 이루어지기를 바랍니다.

감사합니다.

서영교 국회의원

안녕하세요.

국회 안전행정위원회 위원장을 맡고 있는 더불어민주당 서영교 국회의원입니다.

경기도의회 문경희 부의장의 저서 출간을 진심으로 축하드립니다.

《나에게는 꿈이 있습니다》는 문경희 부의장이 자신의 의정활동과 살아온 이야기를 진솔하게 우리들에게 들려주는 글입니다.

이 글 속에서 3선 도의원으로서, 12년의 폭넓은 의정 경험과 열정을 느낄 수 있었습니다.

지역을 사랑하고 늘 도민과 가까이 했던 모습에 감동했습니다.

정치는 사회를 정의롭게 만들고 약자를 보호하며, 늘 정직하게 의정활동을 펼쳐야 합니다.

책에는 생활정치 이야기, 평범하지만 특별한 인생, 여성으로서 정치리더십 등 흥미진진한 이야기가 고스란히 담겨져 있습니다.

내가 지금 무엇을 해야 하는지, 내가 어디로 가야 하는지……. 그런 의미에서 앞으로 내가 내딛어야 할 곳이 어떤 곳인지 잘 알려줍니다.

여성 정치인으로서, 또 지역의 심부름꾼으로서 지금까지처럼 시민을 먼저 생각하고 시민 편에 서서 초심을 잃지 않고 일해 가시기를 바랍니다.

올해가 검은 호랑이의 해라고 합니다. 문경희 부의장님! 올해 호랑이의 힘세고 용감한 기운을 받아 건승하시길 기원드립니다.

정춘숙 국회의원

안녕하세요.

더불어민주당 전국여성위원장을 맡고 있는 용인병 지역구 국회의원 정춘숙입니다.

이번 경기도의회 문경희 부의장님의 책《나에게는 꿈이 있습니다》출간을 진심으로 축하드립니다.

문경희 부의장은 경기도 여성의원 협의회장을 맡아 '성평등한 경기도 만들기'에 누구보다 앞장서 왔습니다.

책 내용 중 "여성 정책이 중요한 이유는 여성과 아동 등 사회적 약자를 보호함으로써 좀 더 건강한 사회를 만들고 미래의 희망을 만들어 갈 수 있기 때문입니다. 과거에 비해서 여성의 경제 참여율이 높아졌고 여성의 지위가 향상된 것은 사실이나 아직도 성별 임금 격차가 OECD최고 수준이고 성평등 지수도 여전히 낮은 수준이기 때문입니다."라는 대목은 너무나 공감이 가는 부분입니다.

교육 비전도 본인의 경험을 다룬 에피소드와 함께 '엄마는 안심, 아이는 행복'이라는 주제를 제안하고 있는데, 이는 우리 사회가 절대적으로 필요로 하는 교육비전이 아닌가 생각합니다.

사회의 정책을 결정하는 최고결정권자의 자리에 위치한 사람 중에 여성이 차지하는 비율은 아직도 너무도 열악합니다. 그래서 3선 도의원으로서 다양한 행정실무 경험이 있는 문경희 부의장의 꿈을 응원합니다.

문경희 부의장님! 파이팅입니다.

문정복 국회의원

안녕하십니까. 더불어민주당 경기도당 여성위원장을 맡고 있는 시흥갑 국회의원 문정복입니다.

문경희 경기도의회 부의장님과는 오랫동안 같은 꿈을 꾸며 동지로서 함께 일해 왔습니다. 2012년 대선 캠프에서, 그리고 2017년 대선캠프에서 우리 사회를 사람 중심인 사회로 만들기 위해 함께 뛰었습니다. 그리고 지금은 성평등한 경기도를 만들기 위해 경기도당 여성위원회에서 함께 일하고 있습니다.

'세상의 절반은 여성, 딱 그만큼만' 여성으로서의 권리를 보장받고 사회에서 목소리를 낼 수 있기를 바라는 부분은 저도 같은 심정입니다. 부모의 경제력 차이 등으로 인해 아이들이 학교에서 주눅 드는 일이 없도록 친환경 무상급식 확대를 위해 누구보다 열심히 노력했고, 같은 이유로 지역에서 시작했던 '교복은행' 정책 그리고 무엇보다 지역의 학생들이 쾌적하고 안전한 환경에서 교육할 수 있도록 교육환경 개선을 위해 노력한 많은 일들은 모두가 따뜻한 엄마의 마음으로 일구어 온 의정활동의 결과물입니다.

또한, 최근에는 우리가 사는 지구를 지키기 위해 기후위기에 대응하기 위한 '탄소중립 실천'을 위한 다양한 활동들도 선도적으로 해나가고 있습니다. 이는 시대의 변화와 요구에 준비하는 정치인으로서의 바람직한 자세라고 생각합니다.

다시 한 번 문경희 부의장의 저서 《나에게는 꿈이 있습니다》 출간을 진심으로 축하드리며, 동지로서 건승을 기원합니다. 문경희, 파이팅~!

차례

1부

나의 삶,
'경희 이야기'

인터뷰어_고영남

현재 전국 일간지인 <도민일보> 기자다. 35년 전부터 경기 동북부 지역신문에 투신하여 칼럼 연재와 기획물 취재를 활발히 하고 있다. 그동안 특정 정치단체에 가입하거나 이념 활동을 한 적이 전혀 없는 비교적 중도적 입장을 취해 오는 기자로 잘 알려져 있다.

로터리클럽 회장을 역임하였고, 장애인단체에서 1만여 시간 자원봉사실적을 쌓아 경기도 우수자원봉사자로 등재되기도 했다. 저서로 《고영남의 세상사는 이야기》가 있으며, 현재 남양주시 화도읍에서 거주하고 있다.

1

홀로 5남매 키우신 어머니와 여군 장교

高기자 현재 경기도의회 부의장이시죠? 부의장님이라고 부를까요, 아
니면…….

문경희 부의장은 직책일 뿐입니다. 지역 주민을 대표해서 경기도의회에
서 일을 하는 도의원이니까 그냥 의원으로 불러주세요.

高기자 알겠습니다. 그럼 처음부터 문 의원님께 직설적으로 질문을 하
겠습니다. 문 의원님은 스스로를 어떤 분이라고 생각하시는지
요?

문경희 하하. 처음부터 아주 포괄적인 질문을 주시는군요. 하지만, 앞
만 바라보며 바쁘게 달려왔던 저의 삶에 대해서 성찰할 수 있
는 질문이네요.
그런데 제가 저를 돌이켜 생각해 봐도 콕 집어서 어떤 유형의
사람이라고 정형화시켜서 말씀드리기는 좀 어려운 것 같아요.
아마도 어떤 성격인지 알고 싶으신 거겠죠?

高기자 저뿐만 아니라 많은 분들이 알고 싶어 하지 않을까요?

문경희 저와 가까운 지인들은 잘 알고 계시지만, 저는 상당히 털털하고

자기주장이 강한 편입니다. 이런 성향 때문에 성장기부터 성격이 남자아이 같다는 얘기를 자주 듣곤 했습니다.

실제 사례 한 토막을 소개해보면, 초등학교 시절 여자 친구들이 남학생들에게 짓궂게 놀림을 당하거나 괴롭힘을 당하는 경우 가차 없이 대들어서 사과를 받아내는 대차고 당돌한 여학생이었습니다. 그래서 그런지 초등학교 때는 같은 반 개구쟁이 남자아이들도 저한테는 함부로 대하지 못했습니다.

모르긴 해도 그때부터 제 마음 한구석에는 "불의를 보면 참아선 안 된다."는 생각이 자리 잡기 시작한 것 같습니다. 한마디로 물불 가리지 않는 '오지라퍼'였습니다.

高기자   우스갯소리로 북한의 김정일 위원장이 제일 무서워하는 부대는 '남한의 중학생 부대'라는 말이 있지요. 사춘기가 시작되는 중·고등학교 시절에도 그랬나요?

문경희   다소 왈가닥이었던 초등학교를 졸업하고 중학교에 진학할 때는 집안 사정이 넉넉하지 못했습니다. 아니, 점점 더 어려워지는 형편이었기에 저는 언니가 물려준 교복을 입고 학교를 다녀야 했습니다.

아시다시피, 예전 중학교 교복은 세일러복이라고 해서 해병들처럼 어깨 너머로 네모진 것을 드리우는 것입니다. 그런데, 언니가 중학교 내내 입었던 터라 칼라에 두른 흰색 띠가 누렇게 바래 있었어요. 저는 그런 저의 후줄근한 교복이 조금 부끄럽기도 했었고, 눈부신 새 교복을 입은 친구들이 부럽기도 했었죠. 하지만 그것에 대해서 내색을 하진 않았습니다. 어머니가 속상해 하실까봐서요.

물론 그런 저를 보는 어머님 표정에는 미안해하시는 기색이 역력했습니다. 어쩌면 그런 어머니의 속마음을 알고 있었기에 오히려 제 속내를 들키지 않으려고 더욱 씩씩하게 행동하고 열심히 공부하지 않았나 하는 생각을 합니다. 일찍이 남편을 떠나보내시고 홀로 5남매를 키우시는 어머니를 생각하며, 저는 항상 "내가 이 집안의 기둥이자 자랑이 되어야겠다."는 생각을 했던 거 같아요.

高기자 얼굴만 보면 곱게 자라신 것 같은데, 전혀 그렇지 않은 모양이군요. 문 의원님이 대학에 진학할 당시에는 국립 부산대, 하면 서울의 연·고대 못지않은 명문이었는데, 어려운 형편에도 공부를 아주 잘하셨던 모양이군요.

문경희 하하, 당시 부산 사람들이 서울대 다음으로 부산대를 쳐주긴 했죠. 저는 일찍이 서울로 유학을 가기는 쉽지 않다고 판단하고, 게다가 사립대 학비는 감당하기 어려웠기에 국립대학인 부산대에 가기로, 그것도 장학생으로 입학하는 것을 목표로 정말 맹렬하게 공부를 했습니다. 어린 나이에도 가난의 굴레를 벗어나는 길은 공부뿐이라고 생각했으니까요. 다행히 부단히 노력한 덕분에 늘 상위권 성적을 유지할 수 있었습니다.

당시를 돌이켜보면 제 나름대로는 일찍 철이 들었던 착한 아이였던 것 같습니다. 제가 처한 어려움들을 당차게 극복하고 목표로 한 일을 이루기 위해 최선을 다했다는 생각이 듭니다. 결국 부산대학교 영문학과를 우수한 성적으로 합격하는 기쁨

보고 싶은 나의 어머니, 故 김유금 님

을 맛보았습니다.

합격 소식을 접한 어머니께서 제 손을 꼭 잡아주셨는데, 지금도 어머니의 온기가 느껴지는 것 같습니다. 생활은 어려웠지만 지금도 그때 그 시절이 무척 그립습니다. 돌아가신 어머니도 보고 싶고요.

高기자 제가 알기로 문 의원님은 부산대학교 영어영문학과를 졸업하신 후 학사장교로 여군에 입대하여 중위로 예편하셨다고 들었습니다. 당시 부산대학교 영문학과를 졸업하면 취업이나 다른 하실 일도 많았을 텐데도 굳이 여군에 입대한 이유는 무엇입니까?

문경희 솔직히 당시 부산대학교 영문학과를 졸업하면 취업은 그리 어렵지 않았던 시절이었어요. 동시 통역사를 꿈꾸고 공부를 했기 때문에 성적도 나름 우수한 편이었습니다.

그러나 저는 여성성을 뛰어넘는 또 다른 인생을 살고 싶었습니다. 그래서 멋진 군복에 절도 있는 언행, 아무나 하지 못하는 여군 장교가 되기로 결심했습니다.

거기에다, 남자들은 다 하는 군대 생활을 왜 여성들만 하지 못할까 하는 도전 의식까지 발동했던 것이지요. 그렇게 여군 장교 문경희가 되었습니다.

高기자 그럼, 군대는 체질에 잘 맞았던 모양이군요.

문경희 솔직하게 말씀드리자면 우리나라 국방을 위해 일익을 담당하겠다고 하는 거창한 꿈을 가지고 군대에 들어간 것은 아니었습니다. 그래서 그런지 군 복무 2년 차가 되자 생각이 복잡해지기 시작했습니다. 계속 여군 생활을 하면서 단조로운 인생을 보낼 것인가, 아니면 넓은 세상으로 나아가 새로운 꿈을 찾아 나설 것인가에 대한 고민이 시작되었습니다.

高기자 힘들게 들어간 군대에서 다시 고민이 시작되셨군요? 무슨 계기라도?

문경희 잠재된 도전 의식과 용기가 발동된 것이죠 뭐. 한창때 물불 안 가리고 대책 없이 도전하던 것들을 생각해보면 지금도 아슬아슬한 심정입니다. 결국, 복무 3년을 마치고 중위로 예편하여 새로운 세상살이를 시작하게 되었습니다.

하지만 어떤 일이든지 빛과 그림자가 있다는 말처럼 지금 생각해보면 도전적인 저의 기질들은 현재 의정 활동을 통하여 젠더 이슈를 비롯한 여성 차별이나 사회적 약자들에 대한 보호 본능으로 확장되어 관련 과제들을 꽤 많이 다루는 작은 동기가 되었다는 생각입니다.

그런 것으로 미루어보면, 학창 시절 오지랖을 떨고 다녔던 것이 귀한 밑천으로 작용하지 않았나 하는 생각이 들기도 합니다. 한창 꿈 많던 당시로서는 다양한 경험을 해보고 싶었던 것 같습니다.

어릴 적부터 하고자 하는 일에는 미련스러울 만큼 집중하는 이 극성스러운 딸의 뒷바라지를 묵묵히 다 해주신 어머니와 가족의 희생으로 오늘날 제가 존재한다는 생각에 늘 감사하고 아울러 죄송스럽게 생각하고 있습니다.

高기자 지금은 부군께서 어머니의 역할을 대신해주고 있다면서요?

부산대학교 영문학과 졸업사진

여군학사장교 후보생 시절 동기들과 육군사관학교에서

여군학사장교 34기 임관식(1989년 7월)

문경희 그런 셈이죠. 의정생활 12년 동안 남편이 본인의 일도 하지 못
하고 살림을 챙기고, 아이들의 뒷바라지를 다 해줬으니까요. 결
국 어머니가 해주셨던 그 역할과 기능을 지금은 남편이 다 해
주니 저는 '행운녀'라고 할 수 있지요. 그래서 늘 인간적으로 남
편을 존경하며 신뢰합니다.

2

MZ세대와도 소통하는 포용력

高기자   잠시 쉬어 가는 의미로 가벼운 질문을 드리겠습니다. 요즘 MZ
세대에 대해서 잘 아시는지요?

문경희   M은 밀레니얼^{Millennial}로, 1980년대 초부터 2000년대 초 사이 출
생하여 2007년 글로벌 금융위기 이후 사회생활을 시작한 세대
로, 모바일 기기를 이용한 소통에 익숙한 사람들을 가리키는
말 아닌가요?

또 Z세대는 일반적으로 대략 1990년대 중후반부터 2010년대
초반에 태어난 세대를 가리키죠. 이들은 정보 기술에 능통하고
익숙하며 대학 진학률이 높은 특징이 있다고 하더군요.

통계청 자료에 의하면, 이 MZ 세대 인구수는 2019년 기준으로
약 1700만 명 정도로 국민의 30% 정도를 차지하고 있다고 알
고 있습니다.

高기자   네, 제대로 알고 계시네요. 요즘 MZ세대들은 '안다'의 반대말이
'모른다'가 아니고 '안다의 착각'이라고 한다더군요. 또한, '기억'
의 반대어가 '망각'이 아닌 '상상'이라고도 하는데, 이에 대해서

는 어떻게 생각하세요?

문경희   네, 저도 들어본 적 있어요. 처음 그 얘기를 들었을 때는 솔직히 조금 충격적이었어요. 저희 세대가 볼 때, 이런 논리들은 공감하기 어렵잖아요. 그렇지만 곰곰이 생각해보니 그간 우리 기성세대들의 고정관념이 얼마나 고착화 되었는지 돌아보게 되었습니다. MZ세대들에 비해서 기성세대의 사고 유연성이 뒤떨어지는 것을 깨닫게 되었어요.

앞서 나왔던 두 가지 단어에 접근하는 방식이나 논리로만 보아도 세대 간 사고의 차이가 크다는 것을 알게 되더군요.

기성세대가 '정답'이라고 알고 있던 단어가 그 틀을 깨버리면 '해답'이 되어버리니까 MZ세대들에게 한 수 배우게 된 느낌이라고 할까요?

그래서 향후, 대한민국의 정치그룹이나 사회구조는 이들 MZ세대들의 주장을 수용하고 흡수해야 한다는 생각이 듭니다. 미래 세대는 이들의 어깨에 달려 있으니까요. 저 역시도 고정관념에 매몰되지 않으려 무던히 노력을 하는 편입니다.

그런데 요즘 시대에 뒤떨어지거나 최신 트렌드를 따라가지 못하는 이들을 꼰대라고 부르는 경향이 있잖아요? 다만 그런 말은 세대 간 양극화를 더욱 조장하는 것 같다는 생각도 듭니다.

高기자   요즘 세대 간 갈등이 심각하다고들 하지 않습니까? 문 의원님께서는 이에 대해서 어떻게 생각하세요?

문경희   저는 우리의 미래를 위해서는 노·장·청이 조화를 이루며 공존해야 한다고 생각합니다. 어느 세대가 되었건 간에 사회를 구성하는 공동체 안에는 생각이 다른 다양한 세력들이 있을 겁니다. 그렇지만 건강한 공동체를 위해서 소통하려 노력하는 모습이 바람직하지 않을까요?

저 또한 이를 위해서 노·장·청을 아우를 수 있는 폭넓은 사유와 경험들을 축적하는 노력을 게을리 하지 않을 생각입니다. 거기에 조금 더 욕심을 부려본다면 노·장·청의 주요 연결고리로서의 역할과 기능을 충실하고, 또 멋지게 담당하고 싶습니다. 꼭 그렇게 되도록 노력하겠습니다.

高기자 그렇다면 정치인의 가장 중요한 덕목은 무엇이라고 생각하시나요?

문경희 정치인의 덕목이라고 하면 앞서, "문경희는 누구냐"는 질문처럼 매우 입체적인 질문이네요, 하하.

정치인의 덕목이라고 하면 무엇보다도 섬기는 대상인 국민의 마음을 헤아리며 관심을 가지고 공감하고자 하는 태도가 아닐까 생각합니다. 하지만 관심만 가지고 대상의 고민이나 어려운 문제를 풀어주지 못한다면 정치인으로서 이 또한 적절한 모습은 아닐 것입니다. 다시 말씀드리면, 덕목이란 조건은 섬기는 대상에게 늘 관심을 가지고 어려운 일이 있으면 해결하기 위해 최선을 다하는 자세가 아닐까 생각합니다.

흔히들 선거 때만 되면 허리가 땅에 닿도록 굽실거리다가 당선만 되면 뻣뻣해진 채 팔자걸음으로 어슬렁거리는 벼슬아치로 돌변한다는 지적과 불만들이 많습니다. 깊이 새겨들어야 할 대목입니다. 정치인들이 섬겨야 하는 대상들은 직업·교육·경제력 등이 천차만별입니다. 그런 점에서 다양한 대상의 요구를 수용하려면 우선 정치인 스스로가 자질을 갖추어야 하고, 그에 걸맞게 사고체계나 오랜 현장경험에서 체득한 업무처리 능력도 배양되어 있어야 한다고 생각합니다.

高기자 정치인으로서 좋아하는 좌우명 같은 게 있으세요?

문경희 제가 좋아하는 말 중에 '이불변 응만변'以不變應萬變이란 말이 있습니다. 변하지 않는 것으로 만 가지 변화에 대응한다는 뜻인데, 즉 내 속에 변하지 않는 것으로 만변하는 세상에 대응한다는 뜻입니다.

요즘처럼 급변하는 시대에는 자신의 확고한 가치관을 가지고 세상의 다양한 변화에 적절히 대응하며 스스로의 원칙과 신념을 지켜가는 것이 필요하다고 생각합니다. 그러므로 좋은 정치인이란 특정한 한 가지 주장이나 원칙에 매몰되지 않고 자신의 가치관을 깨뜨리지 않는 범위 안에서는 유연하게 대처하는 것이 바람직한 자세라고 생각합니다. 그리고 저 역시 그런 정치인으로 성장하고 싶습니다.

3

강한 책임감과 뛰어난 공감능력

高기자   사람마다 일장일단이 있을 텐데요. 문 의원님의 장점과 단점을
각각 한 가지씩 말씀해 주실 수 있을까요?

문경희   장점을 얘기하면 자랑한다고 지적을 당할 것 같고, 단점을 얘
기하면 저의 약점을 드러내는 것 같아 조금 꺼려집니다. 그렇지
만, 솔직히 말씀드리겠습니다.

우선 단점부터 말씀을 드리면, 제 단점은 유불리를 이리저리
재고 따지는 일을 잘 못하는 것입니다. 잔머리를 굴리지 못한다
고 말씀드리면 될까요? 요즘처럼 능수능란한 처세가 요구되는
세상에서 저와 같은 직진형의 사고나 행동을 하는 경우에는 이
익보다는 손해가 많을 수 있거든요.

그리고 장점에 대해 말씀드리자면, 저는 자신의 일에 대한 책임
감과 상대방에 대한 공감능력이 뛰어난 편이라고 생각해요. 불
의를 지켜보고만 있거나, 저에게 유리하다고 해서 불의에 편에
서는 일은 천성적으로 하지 못하는 성격이기도 하고요. 주변에
아파하는 사람이 있으면 함께 아파하고, 서로 부둥켜안고 울고

위로해줘야 직성이 풀리는 그런 성격을 가진 것 같아요.

高기자 　잠시 분위기를 전환하기 위해 즉석 질문을 드리겠습니다. 예컨 대 문 의원님께서는 3선 도의원이신데, 앞으로 시장 같은 자치 단체장의 기회가 주어진다면 그에 따른 청사진을 세워두신 것 이 있습니까?

문경희 　저의 정치적 포부에 대한 질문을 해주셨네요. 듣던 중 반가운 말씀입니다.

먼저 저는 지난 12년간 저에게 지역주민들을 위해 일할 수 있 는 기회를 주신 남양주 시민들께 감사하고 있습니다. 그래서 남 양주시를 위해 봉사할 수 있는 다양한 길을 모색하고 있습니 다. 만약 제게 기회가 주어진다면 시민들과 더불어 미래혁신을 꿈꾸며, 생태도시 남양주를 만들어보고 싶은 생각이 있습니다. 단체장이란 벼슬자리가 아니라 열려 있는 자세로 봉사를 해야 하는 자리입니다. 그것도 친소 관계나 빈부귀천을 떠나서, 비록 완벽할 수는 없겠지만 시민 모두에게 공정한 행정서비스를 제 공해야 한다고 봅니다. 그렇게 하려면 우선 봉사에 직접 임하 는 공직자들의 자세가 가장 중요하다고 생각합니다.

高기자 　어떻게 보면 첫 번째 공약이랄까 포부라고 할 수 있는데, 공직 자들을 거론하셨습니다. 직접적으로 공무원들의 자세를 말씀 하시는 건가요?

문경희 　예. 저는 시정 혁신의 시작은 공무원 조직의 혁신이라고 생각합 니다. 공무원은 우리나라에서 가장 엘리트 그룹에 속합니다. 그 런데 그런 사람들이 일단 현업에 들어가는 순간 개성이 싹 사

남양주시 창현 버스정류장에서 버스 증차 및 배차시간 민원 현장 점검

라지고 맙니다. 저는 그 이유를 조직 내의 분위기가 창의성을 소멸시키는 구조로 변해 있기 때문이라고 봅니다. 따라서 제가 만약 단체장이 된다면 이런 구조부터 혁신시켜나가도록 하겠습니다.

저는, 무엇보다도 공무원이 행복해야 민원인도 시민들도 행복해진다는 논리를 믿습니다. 공무원들도 개인의 측면으로 들여다보면 소중한 우리의 가족이고 당당하게 세금을 내는 생활인입니다. 그런 그분들이 활기차게 일할 수 있는 직장 분위기를 만들고 싶습니다.

그렇게 하려면 우선 포상, 징계 제도를 합리적이고 전향적으로 개선시키겠습니다. 민원인이나 시민들을 위한 획기적 발상이나 아이디어를 내는 직원에게는 그에 준하는 포상과 승진 기회를 주고, 설사 자신이 냈던 아이디어로 인해서 오류가 발생했다고 해도 그 책임은 단체장이 지고 오히려 격려하는 직장 분위기를 만들어 보겠습니다.

그런 이후에는 대민봉사에 관한 모든 문제를 다룰 수 있는 아이디어 서클을 운영하겠습니다. 또한, 서클에서 결정된 아이디어는 일단 시뮬레이션을 통해서 점진적으로 대민봉사 현장에 적용해가면서 실행하겠습니다. 그 중심에는 MZ세대들을 포진시켜 자율적으로 조직을 운영하도록 해보겠습니다.

高기자   그런 생각을 하시게 된 계기나 이유가 있으신가요?

문경희   미래시대에는 고정관념으로 뭉쳐진 기존의 틀을 깨는 혁신적 사고가 아니면 조직 내에서 자연 도태될 수밖에 없는 상황이

온다고 확신합니다. 그리고 단체장은 조직 내의 기성세대와 청년 세대 간의 갈등요인을 미리미리 챙겨서 창의적 대민봉사를 위해 일하는 분위기를 조성하는 책임을 가져야 합니다. 일선 공무원도 단체장이 보살펴야 하는 시민이라는 인식을 가질 필요가 있다는 것이죠.

생각해 보세요. 공무원들을 행복하게 하지 못하는 단체장이 민원인이나 시민들을 행복하게 할 수 있을까요?

만일 제가 단체장이 된다면 그 아이디어 서클 혹은 센터를 적극 지원하여 활성화시키겠습니다. 그리하여 시민이 행복한 남양주를 만들어 가겠습니다. 그렇게 할 테니까 저 단체장 좀 시켜주십시오.(웃음)

장애인에 대한 관심과 사회복지사

高기자   문 의원님은 장애인 복지에 대한 시선이 남다르다는 소문이 많습니다. 그도 그럴 것이, 현재 경기도의회 보건복지위원을 겸하고 계시기도 하고요. 그와 관련하여 자세한 내용은 다음에 세세한 질문이 있을 테니까 여기서는 장애인들에 대한 일반적인 인식 부분만을 떼어 내어서 질문을 드리겠습니다. 장애인복지, 어떻게 생각하고 계신가요?

문경희   장애인복지를 말씀드리려면 우선 장애인의 개요부터 시작해야 할 것입니다. 과거에는 지체, 농인, 시각장애인 등으로 되어 있던 장애 분류가 현재 수십 가지 유형으로 세분화되어 있습니다. 이는 장애인복지가 장애유형별로 점진적으로 개선되고 있다는 청신호일 것입니다.

여기에 선천적 장애인과 사고로 인하여 산재형 장애를 입으신 후천적 장애인들이 계십니다. 현재 우리나라 등록 장애인이 약 150만여 명으로 추산됩니다. 이들에게 쓰이는 예산총액이 2020년 대비 3조 2762억 원으로, 2019년에 비해 17.7% 증가했습니다.

시민들께서 보시기에 적지 않은 예산 같지만 장애 당사자들에게는 피부에 와 닿지 않는 금액일 거라는 생각이 듭니다. 왜냐하면 이 예산의 대부분은 장애인 관련 기관단체들의 운영경비나 정책연구 등, 그와 관련한 일에 소요되기 때문입니다. 그러다 보니 장애인 당사자에게 직접 지원되는 예산은 그리 넉넉한 편이 못 됩니다.

高기자   의외라고 말씀드리면 실례가 될지 모르지만, 생각보다 꼼꼼하게 알고 계시는군요. 장애인복지에 대해서 오랫동안 고민해 오신 모양입니다.

문경희   장애인복지라고 하면 장애인들이 아무런 사회적 제약 없이, 살아갈 수 있는 환경과 기회를 보장하는 것을 통칭하는 용어일 것입니다.

제 개인적으로는 진정한 장애인복지란 장애인을 정부의 일방적 시혜 대상이 아닌 우리 사회 공동체의 구성원으로 인식하는 것이 필요하다는 생각입니다.

그런데 현실에서는 장애인에 대한 시각이 다릅니다. 진정으로 장애인복지를 실현하려면 장애인복지법 자체가 필요 없고, 장애인이란 용어도 없어져야 합니다. 물론 이상론이고 쉽지 않은 일입니다.

高기자   그렇다면 진정한 장애인복지법은 어떠해야 합니까?

문경희   장애인에게 특별한 존재감을 부여해서 어설프게 보호한다는 것은 잘못된 접근방법입니다. 아시다시피 장애 당사자들이 세상을 살아가는 데 있어서 가장 힘들고 중요한 부분은 비장애인들의 따가운 시선이라는 것이죠. 이 차별적인 시선을 거두는 일, 즉 장애인식 개선에서부터 시작되어야 한다고 생각합니다. 그런 다음에는 이들이 세상 밖에 나와서 아무런 불편함을 느끼지 못하도록 편의시설 등을 획기적으로 개선시켜야 합니다. 장애 당사자들이 의식주를 걱정하지 않도록 뒷받침을 해야 하고, 그것이 정부나 사회의 당연한 의무사항이 되어야 합니다.

하지만 현실은 이와 다릅니다. 입으로는 장애인복지를 외치지만 자신의 거주지에 장애인시설이 입주한다고 하면 격렬한 반대를 합니다. 이들의 반대 이유는 땅값이 떨어진다는 겁니다. 참 서글픈 일입니다. 현재 장애인 거주시설들이 모두 시 외곽에 위치하고 있는 것도 이런 이유 때문이기도 하구요.

高기자   우리나라도 이제 선진국이라고 할 수 있는데, 장애인복지는 그렇지 않은 모양이죠?

문경희   서구 선진국들의 장애인복지는 우리나라보다는 훨씬 앞서있다고 볼 수 있습니다. 우리나라가 일방적 시혜를 베푸는 정책으로 장애인복지를 펴고 있다면 서구 선진국들은 장애인에게도 비장애인과 전혀 차별이 없는, 오히려 장애인 중심의 시설 및 정책을 펴기 때문이죠. 구체적으로 들여다보면, 장애인들이 경제적으로 힘들지 않도록 넉넉한 재원을 마련하여 이들이 가정 안이나 밖에서 전혀 불편함을 느끼지 않도록 하고 있습니다.

현재 우리나라의 사회복지를 담당하는 공무원들은 장애인복지과에 배치되는 것을 무척 꺼린다고 합니다. 심지어 장애인복지

관련 업무를 하는 부서를 스스로 3D업종이라고 한다고 해요.

高기자   왜 그럴까요?

문경희   저는 의정생활 틈틈이 주무 공무원들을 만나서 어려운 점들에 대해 터놓고 얘기하는 것을 경청할 기회가 많았습니다. 그 부서의 일이 어려운 이유는 한정된 예산으로 복지 정책을 실현하다 보니 복지 현장에서 이해관계인들로부터 원성을 듣는 경우가 많다는 것이었습니다. 장애 당사자들뿐만 아니라 장애 관련 단체나 기관으로부터 항의나 욕설을 듣는 등 이루 말할 수 없는 수모를 당하기도 한다고 해요.

상황이 이렇다 보니 복지 업무를 꺼리거나 기피하는 근무처가 되었다고 하니 슬픈 현실이죠. 그럼에도 장애 당사자들과 그 가족들과 자주 만나 그들의 문제와 고충을 자주 경청하는 소통의 자리를 가져야겠지요. 제게 시정을 담당할 기회가 주어진다면 장애인이 행복한 도시를 만들고 싶습니다.

高기자   문 의원님께서는 사회복지사 자격증도 가지고 계시죠?

문경희   의정 생활을 하면서 사회 복지 부문을 더욱 자세히 알고 싶었고 그러다보니 전문가가 되어야겠다는 결심을 하게 되었습니다. 그런 차원에서 사회복지사 자격증도 취득하게 되었습니다.

5

어르신들의 행복한 노후를 위하여

高기자   자, 그럼 내친김에 이어서 사회복지 관련 질문을 드리겠습니다. 먼저 노인복지에 대해서는 어떻게 생각하고 계시는지요?

문경희   중국 고전인 《예기》^{禮記}에 의하면 50세를 애^艾, 60세를 기^耆, 70세를 노^老, 80~90세를 모^耄라고 합니다. 이들 글자를 자세히 살펴보면 모두가 머리 색깔의 변화 상태에 따라서 늙음 단계를 구분하고 있습니다.

우리나라는 전통적으로 60세 회갑을 노인의 단계로 접어들었다고 보는 경향이 있었는데요, 현재 대한민국의 공식적(?) 노인이 되는 나이는 65세입니다. 65세 이상의 인구가 전체 인구의 20%가 넘으면 초고령 사회라고 하는데, 2026년이면 우리나라가 초고령 사회로 접어든다고 합니다.

2021년 7월 현재, 약 700만 명으로 추산되는 노인인구를 생각해 볼 때 노인복지에 대한 전체 청사진을 정부가 주관하여 세우는 게 맞습니다. 그것은 중앙정부의 고유 권한으로 이루어지기 때문입니다.

高기자　그렇다고 해서 중앙정부가 모든 것을 담당할 수는 없지 않겠습니까?

문경희　그렇죠. 노인복지에 대한 전체 청사진은 중앙정부에서 하는 것이 맞습니다. 하지만 지방자치단체만의 디테일한 정책도 당연히 필요하겠죠.

우선 우리나라 노인세대의 가장 큰 문제는 경제적 빈곤 및 소외감과 외로움으로 인한 세계 자살률 1위라는 것입니다.

자녀 세대와 함께 지내는 노인들은 비교적 안전하고 상황이 선택받은 편이겠지만 대부분의 노인들은 부부, 또는 단독세대를 구성하고 있습니다.

그리고 특별한 경우, 즉 연금 생활자이거나 여유 재산이 있는 경우에는 별 어려움 없이 노후를 보낼 수 있습니다. 하지만 이도 저도 아닌 노인들은 자녀들이 주는 생활비에 의존하거나 그마저도 여의치 않을 경우에는 길거리로 나와 폐지를 줍거나 소액의 정부 보조금으로 연명하는 경우도 많습니다.

사실, 이 어르신 대부분이 현재의 선진한국 사회가 있기까지 가족을 위해 희생하며 몸 바쳐 일해 온 장본인들이시잖아요. 그런데도 가정이나 사회에서 소외집단으로 전락하게 된다면 이런 사회를 과연 건강한 사회라고 할 수 있을까요? 만일 저에게 기회가 주어진다면 어르신 개인 사정에 맞는 맞춤형 복지로 방향을 잡을 것입니다.

高기자　생각하고 계신 구체적인 내용을 말씀해 주시죠.

문경희　생활 걱정이 없는 어르신들께는 그에 걸맞은 취미생활을 누리

시도록 해드립니다. 취향이나 신체 상황에 맞는 당구나 탁구부터 댄스, 악기연주, 합창, 독서, 글공부, 텃밭 가꾸기 등 다양한 프로그램을 운영해서 생활에 활력을 넣어드리도록 해야 합니다.

한편 생활이 어려운 어르신들께는 체력에 무리가 가지 않을 정도의 힘들지 않은 일자리를 만들어서 그 수익금으로 생활이 가능하도록 도와드려야 한다고 봅니다.

또한, 지역마다 생활이 어려운 저소득 어르신들을 위한 무료급식소 운영도 구상해봅니다. 요즘은 주변에 어르신 무료급식소를 어렵지 않게 볼 수 있을 텐데요, 왜 이렇게 무료급식소에 줄을 서서 급식을 받는 어르신들이 많을까요?

급식소 운영이나 관리도 어르신들에게 공동운영권을 드려서 일자리와 생활고를 한꺼번에 해결하는 방법도 있을 수 있습니다. 아울러 종교단체를 비롯한 여러 기관단체, 그리고 각종 봉사단체와 연계하여 실효를 거두는 방안도 검토해 볼 일입니다.

이로써 어르신들이 행복한 도시를 만들고 싶습니다.

高기자 어르신들이 행복한 도시라……, 무척 흥미로운 구호인데요?

문경희 구호에만 그쳐서는 안 되죠. 정치인, 특히 단체장이 조금만 신경을 쓴다면 어르신들이 행복한 노후를 보내실 수 있는 방법은 많다고 확신합니다. 무엇보다도 우리도 곧 늙는다는 생각을 한다면 힘들더라도 자치단체 몫의 노인복지를 실현해나가야 한다고 봅니다.

앞에서도 말씀드린 대로, 문제는 의지이거든요. 하려고 한다면 할 수 있는 방법을 찾아내야 합니다. 세상일은 하려고 마음만 먹으면 할 수 있는 방법이 눈에 보이고, 어떤 일이 하고 싶지 않으면 안 되는 핑계만 나오는 법입니다. 그래서 단체장은 매사에 초긍정적인 마음을 가져야 한다고 생각합니다.

거기에 실행력까지 겸비된다면 더 좋지 않을까요? 제가 좀, 돌파력과 추진력이 있는 편이거든요.(웃음)

6

다문화가정 지원과 관심

高기자 이번에는 다문화 정책에 대한 일반적인 견해를 여쭙겠습니다. 남양주시에는 다른 지역보다 소규모 공단이 많아서 그런지 다문화가족이 많은 것으로 알고 있습니다. 다문화가족 지원 정책도 준비하고 계신지요.

문경희 정부의 다문화가족지원법에 의거하여 적절한 정책 실현이 이루어지고 있으니 제가 따로 이러저러한 말씀을 드리는 것은 적절치 않은 것 같습니다. 다만 앞서 노인 문제의 접근방식처럼 원론적인 답변으로 대신하겠습니다.

혹시 다문화가정의 시조가 누구인지 아시는지요? 전해오는 기록에 따르면 가야국 김수로왕의 부인 허황옥은 인도 아유타국의 공주로 추정되고 있습니다. 허황옥의 아들 10명 가운데 2명이 현재 김해 허씨의 시조로 되어 있습니다.

2020년 한 해 우리나라의 다문화가정에서 출생하는 아이들이 1만 6천여 명으로 추산되고 있습니다. 또한 작년 한 해 9천여 쌍이 이혼한 것으로 알려져 있습니다. 이 통계대로라면 이혼에 따른 편부모 슬하에서 성장하는 아이들이 한 해 9천 명씩 증가한다는 것을 추정할 수 있습니다.

高기자 오, 생각보다 많은데요? 그 사실은 저도 미처 생각하지 못했던 부분입니다. 그렇다면 그 많은 아이들에 대한 지원이나 대책 같은 것으로는 무엇이 필요할까요?

문경희 자, 이 지점에서 한번 생각해 보아야 할 것이 있습니다. 물론 대부분의 다문화가정 아이들은 행복한 환경에서 별 탈 없이 성장하고 있습니다. 하지만, 다문화가정의 자녀들 대부분은 엄마가 동남아 지역 출신들이어서 한국어가 서툰 엄마의 영향으로 언어습득이 더디다는 것은 익히 알려진 사실입니다. 그와 관련해서 아이들의 부모나 가족들이 상담실을 통하여 고충을 하소연하는 이야기를 여러 번 들었습니다.

문제는 부모의 이혼 등으로 인해서 편부모 상황에 놓인 아이들입니다. 그런 아이들은 그렇지 않은 아이들에 비해 사회성이 다소 결여된다는 것입니다. 이를 예방하기 위해서는 정부 차원의 다문화가정을 위한 정서교육이나 심리적 안정 등을 위한 보호장치를 마련해야 할 것입니다.

대한민국의 국민이 되고자 국제결혼을 하고 자녀를 낳고 기르는 분들에게 따뜻한 손길로 응원과 격려를 하는 것이 선진화된 민주시민으로서의 당연한 도리가 아닐까 생각합니다.

高기자 현재 우리나라의 다문화 정책도 많이 향상된 것으로 알고 있습니다. 그럼에도 다문화가정의 아이들은 한국 사회의 주류로 진입하기가 쉽지 않은 것 같습니다. 혹시 그런 아이들을 위한 비전은 있으십니까?

문경희   무엇보다 이주민들이 우리나라의 언어를 습득하는 게 쉽지 않다는 게 문제입니다. 그러다 보니 자칫 언어와 가치관의 혼란 속에 빠진 아이들이 바른길을 가지 못하고 왜곡된 사회생활을 겪게 되는 비율이 상대적으로 높은 것 같습니다. 이런 현상은 국가적, 사회적으로도 바람직한 일이 아닐 것입니다.

향후 정부는 국제결혼 이슈에 있어 다문화가정의 결혼생활이 원만히 유지되도록 지속적인 모니터링과 지자체 차원의 지원사업, 취업 알선 등을 연계하여 생활이 안정될 수 있도록 힘써야 할 것입니다.

나아가 이들이 사회의 주류로 제대로 자리매김할 수 있도록 문화교육이나 사회교육 시스템을 보다 체계화 할 필요가 있다고 봅니다. 그래서 결혼이민 자녀 등 다문화가정이 이 땅에 제대로 정착하여 진정한 우리 사회 공동체의 구성원이 될 수 있도록 국가와 사회 모두 힘써야 할 것입니다.

왜냐하면 그들도 결국 한국인이기 때문입니다. 우리와 함께 살아가는 소중한 이웃입니다.

자녀 교육과 저출산 문제

高기자 정책에 대한 얘기만 나오면 말씀이 길어지는 것을 보니, 역시 비전을 갖춘 정치인이라는 느낌이 드는군요. 그렇다면 자연인 문경희 씨의 가정생활 및 이웃 관계는 어떻다고 생각하세요? 또 삶에 대한 신조는 무엇입니까?

문경희 자연인으로서의 문경희는 그냥 평범한 두 아이의 엄마이고, 이웃집의 푸근한 아줌마입니다.

저를 아는 많은 분들은 저를 보고 착하다고들 하십니다. 그리고 사실 제 얼굴이 그리 찡그리는 얼굴도 아니고요. 이 말은 제가 하는 말이 아니고 전문가 선생님께서 해주신 말입니다. 늘 해바라기같이 웃는 얼굴이라서 보기에 좋다고들 합니다. 기자님 눈에는 그렇게 안 보이십니까?(웃음)

주어진 일에는 혼신을 다해 기관차처럼 돌진하는 열정적인 모습이지만, 사실 제 속마음은 솜사탕처럼 부드럽습니다. 다만 해야만 하는 일은 반드시 해내고야 마는 결단력과 추진력이 있는 사람입니다.

아무래도 질문의 요지는 저의 생활신조를 궁금해하는 것 같은데요, 신조라고 하면 제가 지닌 철학과 가치관을 말씀하시는 거겠죠?

高기자   그렇죠. 사람들은 '정치인 문경희'의 철학을 알고 싶어 하니까요.

문경희   옛날부터 전해오는 말 중에 이런 게 있습니다. "태산에 걸려서 넘어지는 사람은 없는 법이다. 사람을 넘어지게 하는 것은 작은 흙더미다."

이 말과 비슷한 문장 하나가 더 있습니다. "인간은 부족해서 망하는 게 아니라 넘쳐서 망하기 마련이다."

곰곰이 생각해보면 참 귀한 말이구나 싶습니다. 사람들은 대체로 작은 실수쯤은 대수롭지 않게 생각합니다. 하지만, 작은 실수로 인하여 큰 낭패를 보기 쉽죠. 작다고 무시하는 방심이야말로 큰 낭패의 원인이라는 것입니다.

또한, 대다수의 사람들은 넘쳐도 좋으니까 크고 많은 것이 좋다고 생각합니다. 하지만 결국은 과한 욕심을 부리다가 자신까지 파멸의 길로 몰아넣게 된다는 것을 뒤늦게 깨닫거든요.

즉, "욕심 부리지 말고, 작은 실수도 하지 않도록 매사 조심하며 살자"로 정리할 수 있겠네요.

高기자   의원님의 자녀교육관은 어떤지 궁금하네요.

문경희   자녀교육이라…….

저는 아이들이 어렸을 때부터 대학 입학과 동시에 스스로 자립하라는 말을 늘 입에 달고 다니며 세뇌시켰습니다. 부모의 역할

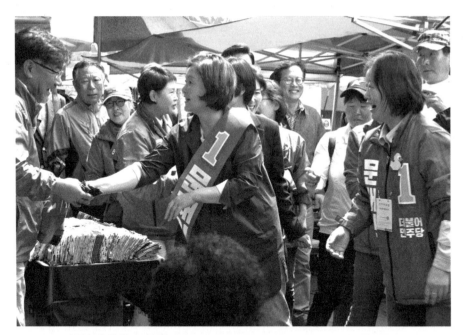

2017년 대선 기간 중 마석장터를 방문한 김정숙 여사님과 함께

학군장교로 임관한 아들과 함께한 가족사진

은 거기까지라고 생각했거든요.

뭐가 그렇게 바빴던지, 교육과 급식을 국가에 맡겼던 엄마로서 아이들에게 미안한 점이 참 많습니다. 하지만 고맙게도 아이들에게 너는 어떤 사람을 존경하느냐고 물어보면, 딸은 다른 어떤 위인보다 엄마를 존경한다는 얘기를 해주곤 합니다. 심지어 아들은 어느 날 뜬금없이 집에 돌아와서는 엄마 같은 사람과 결혼하고 싶다고 했던 적도 있고요. 어디선가 봤는데요, 이런 말들이 부모가 들을 수 있는 최고의 칭찬이라고 하더라고요. 그렇죠?

高기자　어엿한 성인으로 성장한 자녀들이 그런 말을 하면 싫어할 부모가 어디 있겠습니까. 문 의원님의 자녀분들이 그렇게 말하는 특별한 이유가 무엇이라고 생각하세요?

문경희　아마도 그것은 매사에 긍정적이고, 자신이 해야 할일에 최선을 다하는 저의 모습이 아들과 딸에게 긍정적으로 비쳐졌기 때문이 아닐까 싶습니다. 엄마로서의 삶도 물론 중요하지만, 문경희라는 삶의 끈을 놓지 않았던 것이 아이들 눈에는 멋지게 보였던 모양이에요.

高기자　맏이인 따님은 결혼도 하셨죠? 그래서 요즘에 큰 이슈가 되고 있는 저출산 문제에 대해서 여쭤보고 싶습니다.

문경희　아, 작년에 딸이 결혼을 했어요. 마침 화제가 자연스럽게 임신 및 출산 계획으로 이어져서 넌지시 물어본 적이 있어요.
저희 세대에는 남녀가 결혼을 하여 부부가 되면 최소한 남매 정도는 낳아야 한다고 생각을 했었죠. 그런데 요즘 아이들은 그렇지 않더라고요. '딩크족'도 이미 많은 상황이잖아요. 자식을 낳는 기쁨, 희생보다는 젊고 에너지가 있을 때 신혼생활을 충분히 즐기고 함께 여행 다니는 것에 훨씬 더 큰 가치를 두더군요.

高기자   그게 뭐 특별히 문제가 되는 건 아니지 않습니까? 각자 자신들의 인생을 충실히 살아가는 건데 말입니다.

문경희   물론이죠. 우리나라의 저출산 문제가 걱정되기도 하지만 한편으로는 요즘 젊은이들이 추구하는 삶도 충분히 이해가 됩니다. 그런 점에서 저는 색안경을 끼고 보지는 않습니다.

요즘 들어 생각할 때 부모의 역할이란 그저 바라보면서 응원하는 것 외에는 따로 일을 만들지 않는 것이 좋다는 것도 점점 깨닫고 있습니다. 아이들이 사회 속에서 생활하며, 지치고 힘들 때 쉴 수 있도록 한편에 그늘을 내어주는 것이 제가 부모로서 할 수 있는 최선이 아닐까 싶기도 하고요.

정치적 성향과 가치관

高기자   의원님의 정치적 성향이 궁금합니다. 아울러 현 시대에서의 민주주의란 어떤 것이라고 생각하시는지 답변 부탁드립니다.

문경희   이제 다시 정치영역으로 돌아왔네요. 제 정치적 성향을 물어주셨는데요, 그 답변을 하기 전에 대체 정치란 무엇일까요?

高기자   저도 그게 궁금합니다.

문경희   사전적 의미로 정치는 "통치자나 정치가가 사회 구성원들의 다양한 이해관계를 조정하거나 통제하고 국가의 목적을 실현시키는 일"로 정의되어 있습니다. 사족을 덧붙인다면 국민들이 행복하게 잘 살도록 하는 일이 될 것입니다.

여기서 중요한 대목이 바로 "다양한 이해관계를 조정하는 일"이라고 생각합니다. 공동체는 말 그대로 천태만상의 인간군이 집단을 형성하며 자신들의 이익과 정서에 따라 움직입니다. 이해관계에 따라 이합집산이 이루어지기도 하지요.

이런 점에 대해 시시비비를 따지기보다는 정치의 본래 취지나 목적이 국민들을 편하게 하고 행복하게 해주는 것이라는 점을 잊지 말아야 한다고 생각합니다. 그래서 좋은 정치와 나쁜 정치를 구분해서 말씀드려야 할 것 같습니다.

高기자 좋은 정치와 나쁜 정치를 말씀하시지만, 국민들은 정치인들을 대부분 나쁘게 생각하지 않나요?

문경희 그건 아닙니다. 정치란 대의민주주의 사회에서 어쩔 수 없는 영역이고, 그렇기에 정치인은 반드시 필요한 사람이니까요.

제가 생각하는 좋은 정치란 글자 그대로 정치인이 국민의 공복임을 진정성 있게 자인하며 이를 실천하는 것입니다. 충실한 국민 바라기이면서 국민들의 편에 서서 국민들의 가려운 곳을 긁어주는 사람이 곧 좋은 정치인이라고 할 수 있을 겁니다.

과거에는 정치인, 즉 국가 지도자가 국민을 계도의 대상으로 여겼던 암울한 시기도 있었습니다. 하지만 다행히 집단지성이 활발하게 기능하는 지금 시대에는 그런 생각이 아예 발도 붙이지 못하게 되었지요.

高기자 하긴 우리나라의 민주주의가 이만큼 성장하기까지 우리에게 이런 환경이 거저 주어진 것은 아니지요.

문경희 맞습니다. 이 땅에 민주주의를 정착시키기 위해서 피땀을 흘리며 희생하신 분들이 많이 있었음을 우리는 잊지 말아야 합니다. 정치인이, 그리고 정치가 잘못 작동하면 그것은 곧바로 국가의 위기를 초래하고, 국민을 힘들게 만듭니다.

그래서 우리가 주목해야 할 부분은 "국가의 이익을 위해서 이해관계를 조정하고 통제하는 일"이라는 이 대목입니다. 자칫 이를 곡해하는 경우, 통제라는 조정수단에 대한 이해의 왜곡이 발생할 수도 있습니다.

하지만 이는 공동체의 안녕질서 유지를 위해 매우 선의적인 정치 행위가 작용할 것이라는 전제 하에서만 이루어지는 것이라고 이해해도 무방할 것입니다. 저는, 그래서 이를 좋은 정치로 규정합니다.

高기자 그렇다면 이와는 반대 개념의 나쁜 정치란 무엇일까요?

문경희 국가 전체 공동체를 위한 조정이나 통제가 아닌, 몇몇 제한된 이해관계 그룹의 사익을 쫓는 정치를 이르는 말일 겁니다. 소위 권력을 가진 이들의 사적 이익만을 챙겨주거나 기획하는 정치를 말하는 겁니다.

가령 예를 들어보죠. 5·18광주민주화 항쟁 당시 정치 지도자가, 또 공권력이 국민을 향해 총부리를 겨눈 일련의 행위들은 나쁜 정치의 대표적 사례인 것이죠. 또 일부 대통령들이 피 같은 국민들의 혈세를 훔치다가 영어의 신세가 되는 경우가 있지 않습니까? 이는 정말 부끄러운 일이 아닐 수 없는 일입니다.

거기에다 이에 동조하는 세력들도 정치인이라는 이름표를 달고 있는 현실을 보면 좋은 정치, 나쁜 정치를 여기서 굳이 구분하지 않더라도 백화점에 진열될 만큼 흔한 대한민국의 정크형 대통령을 쉽게 만날 수 있지 않습니까?

정말 부끄러운 통치, 또는 정치인들의 자화상이라고 할 수 있겠습니다. 이를 나쁜 정치 또는, 정치인이라고 규정할 수 있겠습니다.

高기자 문 의원님의 말씀처럼 정치란 호불호의 대상입니다. 그것은 누구나 지지하고 선호하는 상대성이 엄존하기 때문이지요.

문경희   그래서 제가 지적하고 싶은 점은, 나 아니면 모두를 적으로 규정하거나 선을 긋는 진영 논리의 해로움입니다. 이는 진영 간, 세력 간 경쟁 구도가 첨예하다 못해서 심지어 상대 진영을 무너뜨리기 위해서는 국가의 이익에 상반되는 유해한 정치세력과도 손을 잡을 만큼 그 정도가 심하다는 것입니다.

진영 논리 안에서 집단지성은 마비되기 쉽습니다. 오로지 죽기 아니면 까무러치기 같은 무모한 방식 외에는 존재하지 않는다는 것입니다. 이런 양태는 동서고금을 통해서 익히 입증되었고 공히 인정되는 일입니다. 다만 그 정도성을 따져서 국가의 이익을 해하는 수준이냐 아니냐로 진영 논리의 선악을 살펴볼 정도입니다.

예컨대 아주 고약한 정치집단을 말하라면, 여야의 정쟁에서 상대당의 성공을 막는 일이라면 어떤 국가와도 손을 잡는 행위를 서슴지 않는 정치 집단일 겁니다.

高기자   제가 드린 질문은 문 의원님 개인의 정치적 성향과 현 시대에서 민주주의란 어떤 것이냐 하는 것이었는데요.

문경희   아. 저의 정치적 성향을 숨김없이 말씀드린다면, 가능하면 지나친 진영 논리에 빠지지 않으려고 노력하는 사람이라고 말씀드리고 싶습니다. 아무리 정치적 성향이 다른 진영의 지적이라도 공동체에 도움이 되는 지적은 충분히 수용해야 한다는 생각을 합니다.

실제로 상대 진영의 지적을 업무에 반영한 사례들도 적지 않습니다. 이런 일들이 가능한 이유는 선출직 정치인은 국민들께 봉사하는 머슴이라는 자기 인식이 확실하기 때문입니다.

高기자 첫째도 국민, 둘째도 국민이라는 말씀이신가요?

문경희 예! 오로지 국민 바라기라고 감히 자부할 수 있습니다. 국민이 주인이라는 민주주의의 원론적인 가치에 공감하며 실천하고자 노력하는 것이 문경희의 불변의 정치 성향임을 말씀드립니다.

우리 지역 마석에는 민주화열사 묘역이 있습니다. 우리나라의 민주주의를 지켜내고 평화통일을 이루기 위해 헌신하고 투쟁하신 분들이 안장되어 계시죠. 어떤 분들은 노동자의 권리와 노동환경 개선을 위해서, 또 어떤 분들은 한반도 통일을 위해서, 또 어떤 분들은 국민들의 기본권인 민주주의를 수호하기 위해서 자신들의 목숨을 바치거나 스스로를 희생하며 투쟁하셨습니다.

지금 우리가 누리는 민주주의는 저절로 얻어진 것이 아니라 열사들의 피와 희생의 산물이라는 인식을 늘 하고 있습니다. 그래서 틈틈이 마석모란공원을 둘러보며 열사들의 얼을 기리기 위해 참배도 하고, 의회 차원에서 전 경기도민들께 홍보도 합니다. 그때의 역사를 잊지 말자고 다짐하면서 말입니다.

高기자 그런데, 문제는 이 좋은 의미의 민주주의가 자본주의와 연결되면서 그 숭고한 가치가 전도되어 가고 있다는 사실이죠.

문경희 그것은 자본주의와 민주주의가 뒤섞인 미국식 민주주의를 그대로 답습한 현 대한민국의 딜레마이기도 합니다. 자본주의와 결합된 민주주의는 결국 국민이 주인이 아니라 자본보유자만

주인이 되는 폐단으로 굳어지고 말았습니다. 이 말은 즉, 돈 있는 사람이 주인이라는 등식이 성립된다는 것입니다. 이는 진정 불행한 일입니다.

민주주의 본산지인 서유럽 등은 이미 이런 폐단을 깨닫고 자본주의에 사회주의를 결합한 사회민주주의로 변화하고 있습니다. 그런 결과, 국민들에게 심어진 평등의식이 사회 저변에 확대되어 있습니다. 집단지성이 활발하게 작동한 결과라고 생각합니다.

제가 지금 맡고 있는 직책 가운데 하나가 '사회적경제 활성화 네트워크 경기도 상임공동대표'입니다. 보다 나은 사회를 만들어 가기 위해서는 우리 사회가 너무 자본의 논리에만 끌려가서는 안 된다고 생각합니다. 이제는 건강한 생산을 통해 공정한 분배를 충분히 생각하고 정책으로 만들어가야 할 때라고 생각합니다.

9

공직자 사기 진작과 약자를 위한 시정

高기자 이제 슬슬 본격적인 질문을 던져야 할 때군요. 가상으로, 문 의
원님께서 남양주시장이라는 전제 아래 어떤 시정을 펴실 것인
지 묻겠습니다.

문경희 앞서의 질문에서도 단체장이 되었을 경우에 관련한 질문을 하
셨는데, 또 단체장에 관한 질문인가요?

高기자 서두에서 한 질문은 단체장이란 원론적인 질문이었고요, 이번
은 지역을 특정한 질문입니다. 물론 답변이 교집합으로 이루어
질 수도 있겠지만 먼저 한 질문 요지와는 그 성격이 다르다는
점을 이해해주시기 바랍니다.

문경희 아~ 그렇다면 기자님 말씀대로 교집합형 중복답변이 나올 수
도 있겠습니다. 비록 가상이긴 하지만 마음이 두근거리네요.
우선 남양주시장이 된다면 앞에서 말씀드린 대로 추진해야 할
다양한 과제들 중에서 우선 '선택과 집중'을 해야겠지요.
무엇보다도 저는, 우선해야 할 과제로 가장 먼저 남양주시 전
체 공무원들의 사기 진작에 방점을 찍겠습니다. 그 이유는 70

만이 넘는 대도시 시민들의 수족이 되어야 할 공직자들의 사기가 저하되어 있다면 결국 그 피해는 고스란히 애꿎은 시민들의 몫이 될 테니까요.

본청을 비롯하여 각 산하 기관에 재직하는 공직 수행자들은 자신이 속한 조직 안에서 크고 작은 갈등을 겪고 있습니다. 이는 해당 조직 책임자의 문제일 수도 있고, 동료들 사이의 갈등이 원인으로 작용할 수 있습니다. 그렇지만, 근본적인 문제는 반세기가 넘도록 개선되지 않는 공직 사회의 수직적 상명하달식 명령구조 때문이 아닐까 생각합니다.

高기자 하긴 일반 사회단체나 민간기업의 자유로운 근무 형태와는 달리 공직 사회의 특성은 자신들의 주인인 국민들보다 자신들의 인사고과를 관장하는 권한을 가진 상관의 눈치를 보는 게 현실이기는 하죠.

문경희 제가 자세한 속사정까지는 모르지만 12년 동안 의정생활을 하면서 많이 듣고, 직접 경험한 바가 많습니다.

매년 정기 인사철이 다가오면 이들 인사 권력자들의 시선을 느끼지 않을 수 없는 환경이 만들어집니다. 사정이 이렇다 보니 감히 이들의 지시를 거부하거나 다른 의견을 제시할 수조차 없는 상황이 만들어집니다. 결국, 청운의 푸른 포부를 안고 공직에 입문한 청춘들은 자신들의 장점인 톡톡 튀는 아이디어를 세상 밖으로 내놓지도 못하고 점점 수직적인 공직사회의 조직논리에 오염이 되어 가는 자신을 되돌아보면서 심한 내적 갈등을 겪게 된다는 것입니다.

그 결과 그 조직은 풋풋하고 창의적인 정책 제안이나 업무환경을 개선할 수 있는 역동적인 아이디어, 대민 봉사의 효율성을 높이는 건강한 정책들이 빛 한 번 보지 못한 채 사장되고 말죠.

高기자 그렇다고 해서 모든 지자체가 그런 것은 아니잖아요.

문경희 물론 일부 전향적인 진보형 단체장들을 중심으로 혁신적인 시도를 꾀하려는 움직임도 있습니다. 하지만 저는 아직까지는 역부족이라고 생각합니다. 사견이지만, 자치단체를 경영하는 데에는 정치적인 요소도 필요하지만 그보다는 국민 세금을 효율적으로 사용할 줄 알고 살림살이를 잘 아는 섬세한 손길이 요구된다고 생각합니다.

공복이 되겠노라고 그렇게 다짐하던 사람이 단체장이 되는 순간 벼슬아치로 둔갑하고 마는 전문 정치인들에 비해서 참신하고 혁신적인 사고를 가진 인물이 필요합니다. 그를 통해 한 세기 가까운 기간 동안 켜켜이 쌓인 구폐와 먼지들을 훌훌 털어내고 그 공간에 신선한 공기가 유입되도록 해야 공직자들을 위한 쾌청한 근무 분위기가 조성될 수 있습니다. 그런 분위기 속에서 공직자들은 청년, 중년, 장년 어느 세대나 가리지 않고 주민들께 수준 높은 행정 서비스를 제공하고자 노력하게 될 것입니다

아마도 이러한 정책 시행 이후에는 시민들을 위한 행정서비스의 질이 확연히 높아질 것이라 확신합니다.

高기자 문 의원님은 그렇게 하시겠다는 말씀이신가요?

문경희 제가 만일 단체장의 위치에 있다면, 공직자들의 사기 진작을 영순위에 놓고, 그 다음으로는 공직자들과 손잡고 사회적 약자들에 대한 확실한 대안 마련을 함께해나갈 것입니다. 그래야 더 좋은 시정을, 힘 있게 펼칠 수 있을 것입니다.

高기자 많은 정치인들이 애독서로 《목민심서》를 꼽지만, 정작 실제로 하는 행동은 그를 따르지 않은 경우가 많죠.

문경희 무엇보다 백성을 긍휼히 여기는 자세가 필요하죠. 그 출발점은 단체장 스스로가 국민의 공복이라는 것을 철저히 지켜야하고요.

우리 주변을 꼼꼼히 살펴보면 사회안전망이 없어도 잘 살아가는 사람들이 있고, 사회안전망이 있어도 어렵게 살아가는 사람들이 있습니다. 그리고 복지 사각지대에 놓여 하루하루 삶을 겨우 연명하는 이들도 많습니다.

남양주는 16개 읍·면·동으로 구성되어 있습니다. 저는 약자에게로 기울어진 저울을 가지고 16개 읍면동의 지리적 특성을 잘 살릴 수 있는 행정을 펼쳐나갈 것입니다. 때로는 보편적 복지로, 때로는 맞춤형 선택적 복지로 지역주민들과 시민들께 다가가고 싶습니다.

高기자 코로나19 사태가 3년째 이어지면서 힘들어하는 중소상공인들과 시민들이 더욱 늘어난 것 같습니다.

문경희 아시다시피, 이번 코로나19감염병 사태는 전 국가적인 심각한 사태일 뿐 아니라 전세계적인 팬데믹입니다. 국민 모두가 아픔을 겪고 있는 이런 상황에서는 전 국민, 전 시민이 모두 행정으로부터 조금이라도 위로를 받고 혜택을 받을 수 있는 보편적 복지를 시행해야 한다고 생각합니다.

그러므로 재난지원금의 형태는 모두가 혜택을 누릴 수 있는 보편적 복지의 형태로 이루어져야 하는 거죠. 대신 코로나19로 직접적인 타격과 피해를 입은 중·소 상공인들께는 맞춤형 직접 지원체계를 별도로 갖추어 추진해 나가야 합니다.

우리 사회는 갈수록 경제적으로 빈익빈 부익부의 격차가 심해지고 있습니다. 이번 코로나19 사태를 겪으면서 그 격차는 더 벌어졌다고 합니다, 정말 슬프고, 안타까운 일입니다.

高기자 제 주위를 둘러봐도 가난한 이와 부유한 이의 차이가 점점 더 벌어지는 것이 눈에 확 보입니다.

문경희 단언하건대, 상위 1%의 사람들이 전체 부의 50%를 차지하는 사회는 건강한 사회가 아닙니다. 그리고 그런 사회를 계속 유지해가서도 안 되고요. 다소 더디더라도 사회적 약자와 손을 잡고 함께 나아갈 수 있는 사회 구조와 제도를 만들어가야 합니다. 사회적 약자들이 행복한 나라가 진정한 선진국이라는 생각입니다.

남양주시 변화를 이끌 추진력

高기자   남양주시는 인구가 72만 명에 이르고, 국회의원 지역구가 갑·을·병 이렇게 세 지역구로 나뉘어져 있죠. 그야말로 거대하고 복잡한 도시입니다. 이렇게 큰 남양주시를 이끌어가는 일이 쉽지는 않을 텐데요?

문경희   남양주시는 흔히들 도농 복합도시라고들 하죠. 국회의원 지역구는 지역적 특성과 인구수 등을 고려해서 나누어진 정치적인 구분입니다만, 시정은 도시 전체를 하나로 보아야 합니다. 따라서 각 지역구별로 특색 있는 개발과 환경보전정책이 동시에 진행되어야 한다고 생각합니다.

高기자   구체적인 비전도 갖고 계시나요?

문경희   교육 인프라가 필요한 곳에는 교육 인프라를 구축하여 교육천국 남양주를 만들고 싶고, 국가보육책임에 걸맞은 부모가 안심하고 육아를 맡길 수 있는 '지자체책임보육제'도 실시하고 싶습니다.

예를 들어, 조안면처럼 농지가 많고 아름다운 북한강과 남한강이 만나는 수려한 자연환경이 펼쳐진 곳에는 생태환경문화 친화도시를 만들고 싶습니다. 그곳에 거주하는 주민들은 자연환경과 더불어 건강하게 삶을 영위하면서 원근 각지로부터 힐링과 체험을 위해 찾아오는 사람들로부터 수입을 창출할 수 있는 경제구조를 만들어 가는 것이지요.

별내동, 다산신도시 그리고 3기 신도시 같은 대단위 신도시에는 교육, 문화 인프라가 지역과 함께 어우러지는 어울림센터를 만들고 싶습니다. 이웃 지자체인 화성에는 벌써 신도시 주변에 이런 어울림센터가 많이 만들어져 있더라고요. 그걸 보면서, 솔직히 부러웠습니다. 그리고 교통인프라를 대폭 확충해야겠지요. 여기서도 우리의 환경을 지키는 일은 최우선에 두어야 합니다. 환경은 건강한 남양주를 만들어 가는 기본이기 때문입니다.

화도읍 같은 도농복합도시의 경우와 면 단위 같은 농촌지역에는 도시 친화적 요소와 농촌 친화적 요소를 가미해서 난개발을 막으며 자투리땅을 텃밭으로 삼아 기후위기에 대비한 탄소포집 형태의 농사를 짓는 도시농부들을 양성하고 싶습니다. 또 다른 자투리땅에는 도심 쌈지공원 등을 조성하여 남양주 전 도시가 작은 도심공원들로 가득하게 만들어보고 싶습니다. 누구라도 남양주시에 사는 사람들이라면 땅을 소유하지는 못하더라도 땅을 사용할 수 있는 사용권을 드리고 싶습니다. 잠깐 머물다 떠나는 남양주가 아니라 정주하는 남양주가 되도록 하고 싶은 겁니다. 절대농지 등을 시에서 매입하기도 하고 사용승

낙을 받기도 하는 시스템을 만들어 가면 가능할 것도 같습니다. 단 한 평이라도 내가 텃밭을 일굴 수 있는 땅이 있다면 우리 남양주시의 주인은 바로 시민임을 느끼게 될 것이고, 남양주시에 대해 더욱 애착과 사랑을 갖게 될 것이기 때문입니다.

高기자 시민들은 도로나 철도 문제 등 굵직굵직한 비전에 더 큰 관심을 보이죠. 그에 대한 비전도 있는지요.

문경희 좋은 질문입니다. 당연히 있죠.

우리 남양주시에는 수없이 많은 SOC문제가 산적해 있습니다. 저의 최대 장점은 3선 도의원으로 일하는 동안 여러 상임위원회를 거치면서 다양한 경험을 해왔다는 점입니다. 여성이지만 노가다라 할 수 있는 건설교통위원으로도 일을 했습니다. 따라서 남양주시의 산적한 교통문제를 해결하기 위해 지역의 교통문제와 도로문제에 누구보다 더 열심히 고민하고 있다고 자부합니다.

앞서 말씀드린 바와 같이 16개 읍·면·동으로 나누어진 우리 남양주시는 선거를 위해 인구비례로 획정하는 지역구인 갑·을·병 지역으로 삼분되어 있지요. 남양주시가 수도권의 주변도시 정도로만 인식되는 것을 바꾸려면 무엇보다 도로와 철도가 완비되어야 할 것입니다. 앞서 밝힌 것처럼 경기도의원으로서 건설교통상임위원회에서 위원으로 일한 경험이 있고, 지금의 '대도시 광역교통위원회'의 전신인 '수도권 교통본부' 의장을 맡아 서울, 경기, 인천 등 수도권 광역 교통문제를 전반적으로 다루어본 적이 있습니다.

묵현천 범람 우려 현장 점검(2018년 5월)

高기자 남양주시의 교통 문제가 심각하긴 하죠. 시민들 입장에서는 도
로나 철도 어느 것 하나 제대로 된 것이 없다고 느끼니까요.

문경희 시내 도로교통도 문제이지만, 외곽도로 문제도 심각합니다. 특
히 우리 남양주시는 서울과 인접 수도권 국민이 강원도나 가평
군을 가기 위해서는 반드시 거쳐야 하는 지역입니다. 따라서 주
말이면 만성 교통지옥, 교통체증 지역으로 명성(?)을 얻고 있습
니다.

그런데 이런 교통체증이 만성으로 이어지면 우리 남양주시의
이미지는 살기 힘든 곳이라는 부정적 이미지로 굳어지게 됩니
다. 우리 남양주를 그렇게 방치해서는 안 됩니다. 그러기 위해
서는 갑·을·병 지역의 국회의원들과 남양주시 발전을 위해 정
무적으로, 또 정기적으로 자주 만나서 머리를 맞대고 논의해야

하는 것이 시장의 책무이겠지요. 즉 시장의 덕목에는 정치력이 필수라는 말씀도 드리고 싶습니다.

高기자 그동안의 의정 활동에 대한 평가를 들어보니, 정무적 감각이 탁월하고, 필요한 예산도 꼼꼼히 챙긴다는 평이 많았습니다. 별명이 홍길동이라고도 하더군요. 동에 번쩍, 서에 번쩍 나타난다고 해서요.

문경희 그냥 부지런히 돌아다니고, 열심히 일한 것에 대한 평가로 받아들입니다.

제가 만일 단체장이 된다면 무엇보다 일회성 전시행정은 대폭 줄이겠습니다. 그렇게 해서 아낀 예산을 노인, 장애인, 여성 등 사회적 약자들의 복리증진을 위해 더 많이 쓰겠습니다.

앞에서 말씀드린 것처럼, 주민들의 공복인 공무원들의 근무환경을 개선해 자율적이고도 적극적인 행정을 펼칠 수 있도록 조성하겠습니다. 또한 무엇보다 시 행정을 실현하는 공공사업을 펼칠 때 '투명성'을 담보하며 추진할 것입니다.

정직하고 희생적인 공직자들에게는 최고의 업무 환경을 만들어 주겠지만 공직자들의 부정부패에는 과감하고도 철저한 처벌을 원칙으로 삼겠습니다. 저에게는 시민들이 자랑해도 좋을 만큼의 도시 수준을 한껏 올릴 수 있는 일이라면 어떤 일이건 가리지 않고 혼신을 다해 이루어 낼 수 있는 열정과 추진력 그리고 정치력이 있습니다.

11

3대 자립도시, 남양주시의 미래

高기자 이번에는 특정한 주제 없이 평소 부의장님께서 느껴 오신 정치 현장에서나 일상생활에서의 소회나 의견을 개진해주시기 바랍 니다.

문경희 짐작하셨을지 모르지만 저는 다소 개혁적이며 직진형 사고를 가지고 있습니다. 고인 물은 썩는다는 강박적인 관념도 다소 강 한 편입니다. 그래서 늘 새로운 학문이나 정보 취득에 관심을 갖고 있습니다.

모두들 알고 있는 사실처럼 요즘 시대는 과거와는 아예 비교도 할 수 없을 만큼 엄청난 정보와 변화의 물결이 밀려오고 있습 니다. 오천년을 면면히 전해오던 전통마저도 요즘 세상에는 그 저 구닥다리로 전락해버리고 마는 정도입니다. 과거의 노동labor 이 일work이 되더니, 이제는 아예 놀이play로 변하고 있습니다. 원 래, 노동은 자연과 인간을 잇는 나름 신성한 가치를 품고 있었 습니다. 그러던 것이 산업화 시대로 진입하면서 생계수단으로 바뀌면서 일이 되고 만 것이지요.

이제 그런 양상들이 어느 사이에 놀면서 일하자는 문화로 바뀌어 가고 있습니다. 어느 책에서 보니, 세계 최고 기업인 구글의 본사 건물 이름이 일하는 워크가 아니라 플레이스테이션이라고 합니다. 일하는 공간이 아니라 놀이공간이라는 것이죠. 이제 일이 아니라 놀이여야 한다고 강력히 시사하는 겁니다.

이 같은 변화들은 우리나라에서도 일어나고 있습니다. 피터 드러커Peter Drucker 교수는 이런 말을 했습니다.

"배우는 곳에는 두 가지가 있다. 하나는 학교이고, 다른 하나는 회사이다."

차이가 있다면 학교는 돈을 내며 배우고, 회사는 돈을 벌면서 배운다는 것입니다. 다시 말해서 직장은 돈을 벌면서 배우는 곳이 되고 있습니다. 그래서일까요? 구글이나 애플회사들은 본사를 헤드쿼터라고 하지 않고 캠퍼스라고 한다고 합니다. 그만큼 세계는 급변하고 있습니다.

高기자 　우리나라도 눈부시게 변화하고 있지요. 다만 교육의 발전 속도는 조금 미흡한 것 같습니다만.

문경희 　과거에는 우리 사회가 국영수를 비롯해서 전 과목을 잘하는 범생이형을 선호했지만, 요즘 같은 인공지능시대에는 전 과목이 아닌 잘하는 과목 하나를 더 잘하는 집중형 인간을 선호하고 있는 추세입니다.

요즘 지구인 모두가 열광하는 한국의 '방탄소년단'이나, 〈오징어게임〉 같은 드라마가 전 세계의 문화콘텐츠를 제패하며 한류의 우수성을 만방에 알리고 있는 것만 보아도 앞서의 주장들이 과히 틀리지 않다는 것을 알 수 있습니다.

그래서 요즘을 개성시대라고 하는 것 같습니다. 모든 것을 다 잘하려고 하지 말고 잘하는 분야를 더 잘하도록 하는 것이 효율성 측면에서 낫다는 것이죠.

高기자 문 의원님의 말씀은 그와 같은 방법을 공직 사회에서도 벤치마킹 할 필요가 있다는 것으로 들립니다.

문경희 맞습니다. 바로 그것이 제가 시장에 도전하려는 이유이고, 하고 싶은 일입니다.

전인형으로 일상 업무추진을 잘하는 직원도 필요하겠지만 특별한 능력을 지닌 직원에게 그가 지닌 능력이 배가될 수 있도록 장려하는 것도 리더의 능력이라 생각합니다. '발상의 전환'이란 말이 참 적절한 용어인 것 같아요.

지금 이 속도로 세상이 변한다면 이 변하는 속도에 보조를 맞추어 우리도 시대의 변화에 준비를 해야 합니다. 그런 노력을 하지 않고 아무 준비 없이 멍하니 있다가는 자칫하면 변화의 물결에 적응하지 못하고 뒤처질 수 있습니다. 생각의 근육을 키우자는 말이 있지 않습니까?

생각의 근육을 튼튼하게 잘 키우려면 양질의 책을 읽어야 한다는 주장을 하고 싶습니다. '두 권의 책을 읽은 사람이 한 권 읽은 사람을 지배한다'는 말이 떠오르네요.

고인 물이 되지 말자는 점을 강조하다 보니 다소 길어진 것 같네요.(웃음)

高기자 혹시 얼리 어답터이신가요?

문경희   하하. 딱히 그런 것은 아니지만, 세상의 변화에 늘 적극적으로 대응해야 한다고 생각하고 있습니다. 그리고 때로는 그 변화를 제가 이끌어 가보기도 하겠습니다.

高기자   의원님의 12년 의정 경험으로 볼 때 남양주시 미래 발전 방향에 대한 큰 그림을 그려볼 수 있다고 믿어집니다. 직진으로 질문 드리겠습니다. 남양주시 미래 발전 방향은 어떻게 정하는 게 좋을까요?

문경희   예, 12년 동안 의정 활동을 해오면서 당연히 깊이 고민한 일입니다.

앞에서 저는 변화에 빠르게 대응하는 사람이 되고 싶다고 했고, 리더라면 다가오는 변화에 빨리 대응해야 한다고도 했습니다. 그리고 그 변화를 제가 이끌어 가고 싶다고도 했습니다. 지금부터는 제가 이끌어 가고 싶은 변화에 대해 이야기하고 싶습니다.

高기자   남양주시의 미래 비전이군요.

문경희   그렇습니다.

우선 저에게는 우리 시를 크게 3대 자립도시로 내세우고 싶은 목표가 있습니다.

첫째, 저는 우리 남양주시를 에너지 자립도시로 만들어 가고 싶습니다.

요즘은 흔히들 기후위기 시대라고들 합니다. 그래서 세계 각국 정상들이 모여 탄소중립에 대한 정책들을 서로 논의하고 또 협약을 맺기도 합니다. 지구온난화로 북극의 빙하가 녹고 있고,

또 어떤 섬나라는 곧 이 지구상에서 사라질 위기에 처해 있다고 합니다. 그런데 과연 우리는 이 기후위기 시대의 위기를 제대로 느끼고 있는 걸까요?

저는 우리 남양주시가 이 기후위기 시대에 더 이상 기존의 시스템에 안주해서는 안 된다고 생각합니다. 앞서 나가서 에너지 자립 준비를 시작해야 한다고 생각합니다. 더 이상 화석연료 에너지에 의존하지 않고, 100%는 아니더라도 자연재생에너지로의 전환을 서둘러야 한다고 생각합니다. 이 에너지 전환의 과정은 전 남양주 시민이 함께 그 가치와 수익을 공유하는 시스템이 되도록 노력해야 합니다.

이 지점에서 즉 '사회적 경제도입'도 함께 서둘러야 한다고 생각합니다. 에너지 자립을 위한 다양한 협동조합을 만들고, 그렇게해서 새로운 일자리도 창출하며, 주민들 누구나 조합원이 되어 이익과 가치를 공유하는 남양주시를 만들어가고 싶습니다. 그러면서 에너지 자립을 이루어가는 것이죠. 전국 최초의 에너지 자립도시를 만들고 싶습니다. 재생에너지로의 전환으로 가까운 미래에는 전기료를 거의 내지 않는, 아니면 태양광 패널 교체비용만 부담하는 '전기요금 제로 남양주시'를 만들고 싶습니다. 이 일은 작금의 전 세계적인 기후위기 시대에 지구를 살리는 일도 될 것입니다.

홍기자 두 번째는 무엇입니까?

문경희 둘째, 저는 에너지 자립도시에 이어 남양주시를 식량자립도시로 만들고 싶습니다.

지금은 학교급식을 포함한 공공급식이 자본과 경제의 논리에 의해 싼 가격으로 공급되는 식자재를 구입해 사용하고 있습니다. 그러나 가까운 미래에는 우리 남양주시의 시민들이 드실 식량은 우리 남양주시에서 생산해내거나, 아니면 인근 지역 로컬푸드를 통해서 자립해나갈 수 있는 푸드 플랜을 세워 나가야 합니다.

갈수록 우리시의 농지는 줄어들고 있습니다. 그러나 이제 토지가 개발행위에만 필요한 매개로 쓰여서는 안 된다고 생각합니다. 개발과 보전이 함께 이루어져야 하는 것이 토지입니다. 이를 위해서는 개인의 사유재산권이 침해되지 않는 선에서 다양한 정책들을 입안해야 하기 때문에 결코 쉬운 일은 아닐 것입니다. 그럼에도 추진해야 하는 일이라고 생각합니다.

기억하시겠지만, 얼마 전 요소수 파동이 일어난 적이 있습니다. 경제의 논리로만 접근했기 때문에 그 누구도 요소수에 대해 관심이 없었고 아무런 준비도 하지 않았던 것이지요. 값으로는 얼마 하지 않는 요소수가 없어서 전국의 화물차들이 올 스톱될 위기가 닥쳤었죠. 해외에서 수입이 제때에 되지 않았던 것이 이유였습니다.

전 지구가 일일 생활권화 되어 세계화된 지금, 모자라는 것은 세계 어디서든지 금세 수입할 수 있습니다. 이러한 때에 우리 남양주시에서 갑자기 식량자급자족이라니 생뚱맞은 이야기가 아니냐고 생각할 수 있습니다. 맞습니다. 비록 우리 남양주시만의 노력으로 100%의 식량자립은 할 수 없다 할지라도 최소한 앞으로 다가올 식량무기화에는 반드시 대비해야 합니다.

친환경 먹거리로 아이들과 사회적 배려계층의 건강한 먹거리를 준비하도록 하고, 로컬푸드 직매장을 확산시켜 우리 지역의 건강하고 신선한 먹거리는 우리 지역에서 바로 소비될 수 있도록 정책지원과 예산 지원을 해나가야 합니다. 그래야 농민들도 수익률이 좋아져서 농지를 포기하지 않고 계속해서 새로운 농법을 고민하며 농사에 전념할 수 있습니다.

도올 김용옥 선생님의 말씀이 떠오릅니다. "농민은 우리 땅을 지키는 공무원과 같다. 그래서 농민기본소득은 반드시 필요하다"라는 말씀입니다. 우리 남양주시의 절대농지를 관에서 매입해서 공공농지로 만드는 것도 하나의 방법이 될 수 있을 것입니다. 앞서 말씀드린 도심의 자투리땅을 도심 속 작은 공원을 만들거나 주민들의 텃밭으로 일구어 가는 것도 생각해 볼 일입니다.

高기자 첫 번째, 두 번째 비전을 듣고 나니 세 번째 비전이 더욱 기대가 됩니다. 소신을 말씀해 보시죠.

문경희 마지막 세 번째로 저는 우리 남양주시를 '경제자립도시'로 만들고 싶습니다.

사람들은 우리 남양주시를 베드타운, 즉 잠을 자러 오는 도시라고들 합니다. 이 말의 속뜻은 '우리 남양주시에서는 변변한 경제활동을 할 수 없다'는 뜻이겠지요.

저는 우리 남양주시에 판교 테크노밸리 같은 최첨단 지식산업단지를 유치하여 양질의 일자리를 충분히 만들고 싶습니다.

또한 자연환경이 아름다운 면 단위의 마을에는 생태문화 관광

지역구 현안–묵현천 수해상습지역 개선사업

실생활과 연결된 모든 현장을 방문
끊임없는 문제제기를 통한 해답 도출

마석교 옆 하천부지의 하천기본선 변경 민원 관련 현장 점검(2017년 12월)

단지를 조성해, 농민들은 친환경 농업을, 예술인들은 마음 편히 예술활동을 하면서 그것이 또한 경제생활로 이어질 수 있는 건강한 생태도시를 만들고 싶습니다.

高기자 문 의원님의 큰 구상을 들으니, 제가 다 설레는군요. 그렇다면 남양주시의 당면과제에 대해서도 몇 가지 말씀해 주시죠.

문경희 이어서 바로 말씀드리겠습니다.

첫째, 시민의 건강과 안전을 위해서 대형 종합병원 유치 및 공공의료를 담보할 수 있는 공공의료원을 설치해야 합니다. 그래서 남양주시를 의료사각지대에서 벗어나게 하고 싶습니다.

현재 우리 남양주시에는 72만이라는 인구의 규모에 적합한 제대로 된 대형 종합병원이 하나도 없습니다. 몇 개의 준종합병원급 병원과 이름은 종합병원이지만 병상 수나 진료과목 등이 그에 못 미치는 수준의 병원들이 몇 곳 있을 뿐입니다. 그러니 위급한 중증환자들이 발생할 경우 당연히 서울이나 인근 지역인 구리로 후송되기를 희망하는 지경입니다. 물론 우리 지역 병원에서 근무하시는 분들이 의료인으로서 사명감이 투철하기 때문에 그나마 남양주시 주민들의 의료복지가 근근이 이루어지고 있다고 생각합니다.

지역 내 큰 종합병원이 없다는 문제는 지역주민의 건강을 책임져야 하는 남양주시의 큰 단점이라고 하겠습니다. 그런 이유로 남양주 지역에 공공의료원이 생긴다면 코로나19같은 강한 전염병 등의 대처에도 앞서갈 수 있고, 민간병원이 꺼릴 수 있는 여러 가지 의료행위를 공공의료원에서 해 나갈 수 있으므로, 개인의 경제력으로 인한 의료불균형을 해소해 나갈 수 있습니다.

둘째. '교통이 복지다'라는 슬로건을 내걸고 이동이 편리한 남양주를 만들고 싶습니다.

다양한 광역철도노선의 조기 착공으로 서울권으로 출퇴근하는 시민들이 교통지옥에서 벗어날 수 있는 교통체계를 구축해나가야 합니다. 더불어, 자동차가 다니는 도로뿐만 아니라, 사람이 다니는 인도, 건강을 위한 둘레길 조성도 함께 이루어가야 하는 게 과제입니다.

셋째, 교육도시 남양주를 꿈꾸어봅니다.

쾌적한 주거 환경에 편리한 교통과 더불어 문화와 교육이 살아 있는 도시가 바로 제가 우리 남양주 시민들과 함께 꿈꾸고 싶은 남양주입니다.

우리 시민들과 남양주시 발전을 위한 꿈을 함께 꾸고 싶습니다. 제게 기회가 주어진다면 반드시 할 수 있습니다. (웃음)

12

3선 도의원을 지내면서 쌓은 다양한 경험

高기자 여성으로서 특이한 경력인 군대도 다녀오시고, 도의원으로서 8, 9, 10대 3선 의원을 지내셨는데 혹 시민들께 자랑할 만한 일들을 하신 게 있으시면 몇 가지만 소개해주시죠.

문경희 일일이 소개하자면 이 지면이 모자라지 않을까요? 또한 시간관계상 어려울 테니까, 몇 가지만 말씀드리겠습니다.

이미 많은 분들이 아실 테지만, 전 부산에서 나고 자랐으며, 활달한 성격의 1965년생 뱀띠입니다.

저는 매사에 자신감이 넘치고, 제가 어떤 일을 하든 잘해낼 것이라는 굳은 믿음이 있는 근자감(근거 없이 자신감이 강한) 가득한 사람이지요. 이는 학창시절 들었던 "자기 스스로 자신을 사랑하지 않으면 타인도 나를 사랑하지 않게 된다"는 어느 철학자의 얘기에 꽂힌 후부터 가지게 된 자기애^愛이기도 합니다.

'우수한 성적' 이렇게 말하면 다소 쑥스럽긴한데요, 실제로 저는 초·중·고·대학까지 줄곧 상위권에 머무르면서 훗날 동시통역사가 되겠다는 꿈을 가지고 영문학 공부에 모든 영혼을 바

쳤습니다. 그러나 당시 저의 집안 상황이 여의치 않아 결국에는 그 꿈을 접어야 했습니다.

하지만 제 가슴 한편에는 늘, "경희야, 넌 더 큰 세상으로 나아갈 거야"는 생각이 굳건하게 자리 잡고 있었습니다. 그런 이유로 잠시 걸음을 멈춰서 호흡을 가다듬고는 학사장교로 군에 진출하기로 결심했습니다. 예나 지금이나 저에게는 사회에서 여성이 차별 받는 일에 대해 쉽게 동의하지 못하는 면이 있었고, 군대라는 곳이 왜 남성만 가야 하는 곳인지 실제로 겪어보고 싶기도 했습니다.

그래서일까요? 여군 장교로 근무하면서 철저한 남성 중심사회인 군대생활이었지만 별로 힘들지는 않았습니다. 대신 국방의 의무를 져야 하는 우리나라의 남성들에 대해서 생각하게 되었지요. '고생이 참 많구나'라고요.

高기자 인터뷰를 오래 하다 보니 그동안 몰랐던 씩씩하고 당찬 면이 확 들어오는군요. 여걸이라고 해두죠.

문경희 남들이 봤을 때, 여성으로서는 다소 과감한 결단력과 추진력이 있다고 판단하실 겁니다. 사실 저는 8대 초선으로 당선되었을 당시 경기도의회에서 해결하지 못하고 있는 굵직한 일 하나 정도는 의원으로서 꼭 해결해내고야 말겠다는 욕심을 갖게 되었습니다.

그래서 도의회 입성 후 도지사를 상대로 하는 첫 도정 질문을 해보겠다며 과감히 당대표에게 요구했고, 그 결과 제가 첫 도정 질의자가 되었습니다. 그때가 김문수 지사 재직시기였는데요, 당시 의회에서 가장 큰 정책 이슈중 하나는 경기도와 도 교육청 간의 해묵은 과제인 '학교용지분담금'이었습니다.

평소 저는, 학교가 필요한 곳에는 어디든지 학교를 세워야 한다는 강한 소신을 가지고 있었습니다. 그래서 학교용지분담금 이슈로 도정 질문을 한다면 잘해낼 자신이 어느 정도 있었습니다. 당시 경기도의회 당대표는 지금 국회 보건복지위원으로 활동하고 있는 고영인 의원(현 안산시 국회의원)입니다. 저는 그때 경기도의회 우리 당 대변인단으로 고영인 대표와 함께 활동하고 있었는데, 의회 도정 질문 경험도 전혀 없었던 저를 믿고 기꺼이 1호 도정 질문자로 선택해주신 고영인 의원에게 이 지면을 통해 다시 한 번 감사를 드리고 싶습니다.

高기자 현재 더불어민주당에는 경기도의원을 거쳐서 배지를 단 국회의원들이 많이 있죠?

문경희 네, 열 손가락 꼽을 정도는 됩니다.

다시 도정 질문 당시로 돌아가서 얘기하자면 도정 질문에 대해 김문수 지사의 답변 중에 자신이 도지사 재직 시에는 학교용지분담금을 전출해주지 않은 적이 한 번도 없는데 왜 그러느냐는 부분이 있었습니다.

그래서 제가 이렇게 발언을 했습니다.

"한 국가의 대통령이 되시겠다는 분께서 행정의 일관성도 없이 이전의 일은 나 몰라라 한다는 것은 옳은 처사가 아니지 않습니까?"

이어 재차 다그쳐 물었습니다.

"더구나 무책임하게 이전에 있었던 일은 나는 모른다고 하시면 되겠습니까?"

이어진 제 질문에서 김 지사 시절 이전의 것을 포함하여 경기도가 경기도교육청으로 전출해주어야 할 법정부담금인 전체 학교용지분담금을 다 해결해야 한다고 계속 몰아붙였습니다.

高기자 당시 초선 경기도의원의 매서운 질문이 큰 화제가 되었었죠.

문경희 그 도정 질문 후, 두 기관의 해묵은 과제였던 학교용지분담금 해결을 위해 저를 포함하여 당시 박수영 기조실장(현 국민의힘 국회의원), 당시 김동근 경기도 교육국장, 당시 김유임 경기도의회 여성가족평생교육위원회 위원장(전 문재인정부 여성가족비서관) 등을 포함하여 몇 명의 도의원들과 학교용지분담금 해결을 위한 실무위원회가 구성되었고, 저는 의회가 중심이 된 실무위원회 활동을 시작했으며, 상임위원회에서 계속 이 문제를 이슈 삼아 질의하고 추궁했습니다.

정말 집요하게 집행부를 몰아붙였던 시기였습니다. 물론 이것은 당시 위원장이었던 김유임 전 비서관과 사전 교감을 나눈 덕분이었죠. 질문을 시작하면 질문시간의 제한을 두지 않겠다는 사인을 미리 받아두었던 것입니다.

이 실무위원회의 결과로 경기도의회가 중심이 되어 두 기관을 중재하고, 마침내 김문수 경기도지사와 김상곤 경기도교육감이 '학교용지분담금 관련 협약서'에 서명을 하게 되었습니다. 향후 10년 동안 매년 일정 예산을 학교용지분담금 명목으로 전출하기로 한 협약이 마침내 맺어지는 역사적인 쾌거를 거두게 된 것입니다. 그때 전출하기로 협약했던 학교용지분담금 예산규모가 1조 원이 넘는 것으로 기억됩니다.

高기자 그에 대한 후일담은 저도 들은 기억이 납니다. 그날 의원님에게 집중 질문을 당한 김문수 지사가 분노를 참지 못하고 공무원들에게 불같이 화를 냈다고 들었습니다.

문경희 아마도 당돌한 초선 의원의 논리에 제대로 대응하지 못했다는 뜻이겠지요. 지금도 인터넷 등을 검색해보면 아마 그와 관련된 당시 기사들이 좀 있을 겁니다.

高기자 경기도발 교육 협약 내용이 전국적으로 확산되기도 했고요.

문경희 그랬죠. 경기도의 학교용지분담금 협약 내용이 전국으로 알려져 학교용지분담금 문제로 골머리를 앓던 다른 지자체들의 문제도 모두 해결되었다고 모 교육부공무원으로부터 들었던 것 같아요. '해결해야겠다고 결심한 일을 포기하지 않고 매달려 몰두하고 추진했더니, 마침내 일이 해결되는구나'라는 보람과 기쁨을 처음으로 맛보았습니다. 이런 맛에 의원 생활을 하는구나 싶었습니다.

그 일이 그렇게 의미 있는 결과를 낼 수 있었던 데는 경기도의회 도의원 생활 8년을 같이 보내고, 2012년 대선캠프에서, 또 2017년 대선 캠프에서 동지로 함께 일한 정치선배이며, 지금은 누구보다 절친한 친구가 된 김유임 전 비서관의 공이 절대적이었습니다. 저와 생각을 함께해준 동지였고, 그래서 서로 마음과 뜻을 모아 해결할 수 있다는 신뢰와 믿음이 있었기에 가능했다고 생각합니다. 그녀에게 다시 한 번 감사와 찬사를 보내고 싶습니다.

高기자 그 일을 계기로 본인에게 정치적 자질이 있다고 느끼신 건가요?

문경희 아뇨. 오히려 학교용지분담금 문제를 어느 정도 마무리 짓고 난 후 저는 제가 참 많이 부족하다는 생각이 들었어요. 수십 년 동안 한 곳에서 행정업무를 한 집행부 공무원과 그 부서들을 상대로 주민들의 대의기관 역할을 하면서 감시와 견제를 하려면 적어도 그들과 비슷한 정도의 실력은 갖추고 있었어야 했습니다. 그런데 제 스스로는 너무 부족하다는 생각이 계속 들어서 심사숙고한 끝에 공부를 더하기로 결심하게 되었습니다. 그래서 고려대 정책대학원 도시 및 지방행정학과에 지원하며 학업과 일을 병행했고, 저의 의정활동의 부수적인 성과로 정책대학원에서 행정학석사라는 학위도 취득하게 되었습니다.

高기자 사회복지사 자격도 취득하셨잖습니까.

문경희 석사 학위를 땄지만 지금도 여전히 부족함이 많다는 생각을 늘 하고 있습니다. 다만 역시 배우면 배우는 만큼 시야가 넓어지고 생각이 깊어지는 것을 깨닫게 되었고, 공부는 평생 해야 하는 것이라는 생각을 갖게 되었죠.

그래서 이후에 보건복지위원회 위원장으로 일할 때에는 사회복지 관련 공부를 시작했고, 온라인 수업이기는 했지만 국가평생교육원으로부터 사회복지학과 졸업학점을 취득하여 학위인정도 받았으며, 사회복지사 1급 자격증도 취득했답니다.(웃음)

高기자 무척이나 바쁘셨겠습니다. 더군다나 그때 당시에는 자녀들도 중고등학교에 다닐 때가 아니었습니까?

문경희 핑계 같지만 의정 활동과 더불어 대학원 수업도 열심히 해야 했던 터라 금쪽같던 아이들을 제대로 돌볼 틈이 많지 않았습니다. 가정 살림과 아이들 교육문제는 모두 남편이 적극 나서서 도와주었기에 오늘의 제가 있을 수 있었습니다. 그래서 지금도 저 때문에 많은 희생을 하고 있는 남편과 엄마의 관심과 사랑을 제대로 받지 못한 아이들에게만큼은 제가 큰 죄인이 된 듯 늘 미안하기만 합니다.

도의원으로서 의정활동을 하는 내내 "기왕 하려면 제대로 해보자"라는 저의 생각을 가족들이 이해해 주기를 바라며 앞만 보고 뛰었습니다. 실제로 저의 가족들은 저를 이해하고 늘 응원해주고 격려해 주었습니다. 그런 저의 가족들에게도 늘 감사한 마음입니다.

高기자 그래서 무난하게 재선에도 성공하셨고요.

문경희 하룻강아지가 범 무서운 줄 모른다고 여기저기 좌충우돌하며 의정활동을 하던 8대 도의회 생활을 마감하고, 이후 9대 경기도의원 선거에서 재선의원이 되어 경기도의회에 재입성하였습니다.

재선의원이 되니 지역주민들께서 더 큰 역량으로 의정활동을 해줄 것을 요구하는 것 같아 선출되었을 때의 기쁨은 잠시뿐이었고, 직무에서 오는 부담감이나 지역에 대한 책무감으로 새로운 각오를 다짐하며 자신을 다그쳤습니다. 의원으로서 선수가 늘어간다는 말은 곧 그에 걸맞게 처리해야 하는 일의 크기와 선거구민들의 기대 또한 비례하여 커진다는 뜻이거든요.

그렇게 9대 의정 활동이 재개되었고 초선 경험들이 바탕이 되어 업무를 대하는 눈이 한결 넓어짐을 스스로도 느끼게 되었습니다. 그래서 저는 종종 "아는 만큼 보인다"라는 말을 잘 씁니다. 그 말은 저의 경험을 통해서 속에서 우러난 진리이기 때문입니다.

高기자 　문 의원님의 의정 생활은 모범적이기로 유명했죠. 또 그때 당시 같이 활동했던 의원들 중에는 현직 경기도의 지자체장들이 많이 있죠?

문경희 　동료의원들과 관계도 원만했고, 제 트레이드마크인 환한 미소와 투명하고 밝은 성격 때문에 여러 관계기관의 인사들과 친교 관계를 맺는 일은 그다지 어렵지 않았습니다.

저의 인맥을 자랑하는 것 같아서 쑥스럽기는 하지만, 저와 보건복지위원회 상임위에서 같이 일했던 동료의원 출신 임병택 의원이 시흥시장이 되었고, 같은 상임위 간사를 맡아 저와 함께 열심히 뛰었던 김보라 의원은 지금 안성시장으로 일하고 있습니다. 8대 때 우리 당 대표단의 일원이 되어 대변인으로 함께 활약하던 이재준 의원은 고양시장이 되어 고양시민을 위해 일하고 있고, 교육위원회에서 마주보며 함께 일했던 박승원 의원이 광명시장으로, 안전행정위에서 경기도 역사책에 대한 문제점을 지적하며 함께 투쟁하고 일하며 동료애를 쌓았던 안승남 의원이 이웃 도시인 구리시장으로 일하고 있지요. 의원활동을 하면서 이어진 인적 네트워크는 다양한 상임위를 경험하면서 쌓은 행정능력을 포함하여 그 어느 누구보다도 탄탄하다 할 것입니다.

高기자 3선을 하시면서 다양한 상임위에서 두루 경험을 쌓으셨겠군요.

문경희 일반인들은 잘 모르지만, 의정 활동이란 대개 상임위 활동을 의미하는 경우가 많습니다. 아무리 초선의원일지라도 상임위에 소속되어 활동을 하게 되면 엄청난 경험과 공부가 됩니다. 의원들의 업무 역량을 배가시키는 게 상임위 활동이거든요.

생각해보세요. 어떤 주제가 주어져서 상임위에 올라오면 소속 의원들은 이 문제에 접근하기 위해서 학자나 전문가들의 자문과 직접적인 이해관계자들의 생생한 말과 상황들을 접하게 되고 해법을 찾기 위해 노력하는 과정에서 자연스럽게 생각과 사고의 깊이가 커집니다.

이와 관련지어, 초선부터 3선 도의원으로서 의정 활동을 하는 동안 저는 예결위원회, 보건복지위원회, 여성가족평생교육위원회, 안전행정위원회, 건설교통위원회, 교육상임위원회, 운영위원회 등을 두루 거쳤고, 이 일련의 과정을 거치게 되면서 다양한 분야의 행정실무 역량이 축적되었다고 생각합니다.

또한 상임위원회 활동을 거치지 않은 일부 위원회는 예결위원으로서, 또 지금은 도의회 의장단으로서 직무 수행을 하면서 경기도의 전반적인 행정을 파악하게 되었고, 개략적인 업무상황은 파악하고 있다고 생각합니다.

다시 말씀드리면, 3선 의원에 의장단 활동까지 하게 됨으로써 경기도 살림살이의 전모를 두루 파악할 수 있게 된 것 같아요. 제게 이렇게 귀한 기회를 갖게 해주신 남양주 시민들께 다시 한 번 머리 숙여 감사의 말씀을 드립니다.

13

경기도의회 부의장, 그리고 미래

.

高기자   여성의원으로서 경기도의회 부의장이 되신 것이 화제가 되었었
죠? 이 대목에서 부의장 출정기를 한번 들어볼까요?

문경희   경기도 31개 시·군에는 총 142명의 도의원이 있습니다. 이 분
들 모두 지역에서의 신뢰가 높고 인정받는 분들이지요. 이런 엄
청난 인人의 장막을 뚫고서 의장단에 오른다는 것은 말처럼 그
리 쉬운 일이 아닙니다. 그분들도 모두 의욕이 넘치고 야심만만
한 분들이기 때문입니다.

이런 상황을 익히 알고는 있었지만 일단 하겠다고 마음을 먹으
면 끝까지 뚝심으로 밀어붙이는 추진력이 있는 저로서는 지레
물러나고 싶지 않은, 도전해보고 싶은 영역이기도 했습니다. 그
래서 겁도 없이 무작정 10대 의회 전반기 의장단에 도전했다가
고배를 마셨지요. 물론 저의 준비가 턱없이 부족했던 것이 이유
였어요.

이에 후반기에는 제대로 준비된 공약으로, 31개 전 지역을 순
회했습니다. 동료의원들을 찾아다니며 설득하고 지지를 호소했

습니다. 그 결과 여러모로 부족하지만 제가 제10대 경기도의회 부의장이라는 영광스러운 임무를 맡게 되었습니다.

髙기자   상대적으로 열악한 경기 북부지역 출신 도의원으로서의 불리함도 극복하셨고요.

문경희   경기남부보다 턱없이 의원수가 부족한 경기북부 출신의 제가 부의장으로 선출된 이유는 경기북부의 어려운 문제점들을 잘 파악하고 있다는 점과, 경기북부 주민들의 민의를 잘 수렴해달라는 동료의원들의 배려가 있었던 덕분이었습니다. 또한 여성의 대표성을 띠고 성평등한 경기도를 만들어 달라는 동료의원들의 이해심과 당부의 마음이 작동했던 것 같습니다. 이 지면을 통해 감사한 저의 마음을 다시 한 번 동료의원님들께 표현하고 싶습니다. "감사합니다, 의원님들! 경기도의회 위상에 맞게, 또 의원님들의 기대에 부응하기 위해 1390만 도민들만 바라보며 남은 임기 의정활동에도 최선을 다하겠습니다."

髙기자   결과로만 보면 물론 문 의원님 개인의 영광이기도 하지만, 더 나아가면 합리적으로 열심히 일하는 경기도의회 의원들의 수준을 보여준 동료애의 승리라고 볼 수도 있겠군요. 그런 점 때문에 감격스러움이 더 크게 느껴집니다. 그렇듯 동료 도의원님들 개개인의 역량도 충분한 것 같아서, 앞으로 그런 과정을 거친 의원님들의 더 큰 정치적 성장을 기대해도 될 것 같군요.

문경희   꼭 그래서는 아니지만, 부의장에 취임한 후, 경기도 전역을 다니며 더욱 맹렬하게 의정 생활을 수행했습니다. 3선에 부의장이 되어 보니, 지역구를 위하는 일이 어떤 게 좋을지 한눈에 들어

오더군요. 역시 "아는 만큼 보인다"였어요.

高기자   그럼 도의원으로서 가장 내세우고 싶은 의정 성과로는 어떤 것이 있을까요?

문경희   도의회 진출 후 12년 동안 해온 크고 작은 의정활동의 결과를 소개한다면 꽤 많을 것입니다. 그중에 처음으로 도의원이 되어 시작한 우리 지역의 사업을 소개하고 싶군요. 고가의 교복 때문에 고심하던 학부모님들의 경제적 부담을 덜어드리기 위해 시작한 바로 '화도교복 은행'이 바로 그것입니다.

高기자   남양주 교복은행 말씀이시군요.

문경희   예. 모두가 고개를 내젓고 그 문제는 방법이 없다고 손사래를 치던 일이었지만 지역의 대표적인 온라인 커뮤니티인 '화도사랑'과 '학부모단체' 그리고 우리 지역 생활협동조합 조직 등과 연대하여 화도교복은행을 결성했고, 많은 자원봉사자들과 더불어 초선 4년 동안 무려 15,000여 점의 재활용교복입기를 추진하여 신품 기준 약 5억 원의 학부모 부담을 덜어드린 적이 있습니다.

이 또한 반드시 추진해야 할 일은 해내고야 만다는 뚝심으로 공감대를 형성하며 지역의 단체와 연대하여 추진했기 때문에 가능했던 일입니다. 지금은 화도교복은행이 남양주교복은행으로 확대되어 남양주 전역으로 퍼져 있고, 시민사회단체로 활성화되어 우리 남양주시 시민들이 자율적으로 잘 운영하고 있습니다. 정말 보람 있는 일이었습니다.

高기자   다음으로는 무엇을 들 수 있죠?

문경희 학교가 필요한 곳에 학교를 지어야 한다는 저의 주장을 그대로 실현시킨 일이 있습니다. 바로 화도읍 묵현리에 천마중학교를 신설했던 것이 그것입니다.

당시 주민들의 생각은 중학교 설립이 필요한 일이라고 동조하는 의견과 특정 정당인이 추진하는 일이니 함께하지 못하겠다는 의견으로 나뉘었습니다. 그래서 경기도교육청을 상대로 당시 중학교 부지 바로 옆에 위치한 천마초등학교 학부모님들을 통한 학교 설립추진 요청 탄원서를 받았고, 지역 이장님들을 통해 화도지역 전 주민들을 대상으로 한 탄원서를 받았습니다. 마석 5일 장터에서는 장을 보러 나온 주민들께 제가 직접 나서서 탄원서를 받는 등 학교 설립을 촉구하는 모든 탄원서를 받아 경기도교육청에 제출했습니다. 또 도의회 5분 발언을 통해 화도 지역에 학교 설립이 필요함을 강력하게 주장한 결과 마침내 학교 설립을 위한 심의위원회에서 통과되었고, 그 다음 설립 예산이 반영되었으며, 마침내 지금의 천마중학교라는 학교가 설립되었습니다.

아직도 그때의 그 감격은 잊히지 않습니다. 이 일 또한 혼자만의 힘으로는 해결할 수 없었던 일입니다. 지역 주민들과 함께 손잡고 우리 지역 어린아이들이 더 이상 원거리 통학을 하게 해서는 안 된다는 공감대를 형성하며 연대하고 함께했기에 가능한 일이었습니다.

이 외에도 묵현천 하천 사업, 우리 지역 인도 확충사업, 도로사업 등등 많은 일들 모두 저의 땀으로 적셔가며 우리 남양주시

의 발전을 위한 일을 해왔다고 감히 말씀드릴 수 있습니다.

高기자   자연스레 다음의 정치적 행보를 표명하시는군요.

문경희   하하, 그랬나요? 당연히, 기회가 주어진다면 경기도의회 건설교통위원회의 경험을 살려 남양주시의 사통팔달 교통망을 조속히 확충하는 일도 잘해내고 싶습니다. 이 역시도 시간이 문제이지 능히 해낼 수 있다는 자신감을 가지고 있습니다.

아울러 16개 읍·면·동의 개별 지역적 특성을 잘 살리면서도 환경을 염두에 두는 지역개발이 바로 미래세대에 걸맞은 밑그림입니다. 경기도민, 아니 대한민국 국민이 미세먼지와 황사로 뒤덮인 숨 막히는 도시에서 살 것인지 교통·교육·의료·자연 생태 환경이 탁월한 남양주시에 살 것인지를 고민할 필요도 없이 선택하게 하는 일, 이는 막연한 꿈이나 이상이 아닙니다. 이를 실행할 수 있는 능력과 의지가 있는 리더에게 달려 있다고 생각합니다.

高기자   문 의원님의 답변을 대하면서 도의회 12년 의정 경험은 개인이나 공직후보자들에게는 엄청난 기회이자 잘 정제된 경험창고인데요, 어떠신가요? 향후에 어떤 행보를 짐작해 볼 수 있을까요?

문경희   사실 공직 진출 12년, 그것도 의결권과 감사권을 행사해야 하는 의정 활동은 분명 제 개인에게 있어서는 엄청난 발전의 기회였습니다. 모르긴 해도 향후 어떤 행보를 하든지 적지 않은 도움이 될 것이라고 생각해요.

저와 함께 웃고 울던 동료들과의 인적관계도 저에게는 큰 자원이 될 것이고요.

그리고 지난 12년간의 의정활동으로 행정 전반에 걸쳐 준전문가 수준으로 능력이 함양되었다는 점이 큰 소득이자 가치를 따질 수 없는 무형의 자산이라고 생각해요.

이런 경험과 자산을 바탕으로 우리 남양주시의 발전을 위해 기여할 수 있는 역할을 하고 싶습니다.

高기자   의원님, 시간이 나실 때 여가생활은 어떻게 하시는지요? 또 특별한 취미는 따로 있으신가요?

문경희   그 질문을 접하니 우선 저희 가족들에게 미안한 생각이 먼저 듭니다. 취미라는 건 저 자신도 꽤 오랫동안 생각해보지 못한 주제였지만 가족들과 이렇다 할 여가를 제대로 보내지 못하는 게 항상 미안했거든요.

사실 저의 일이 주말이나 휴일이랄 게 보장되지 않는 일입니다. 지역주민들이 부르시면 언제든, 무조건 달려 나가야 하는 것이 저의 상황이어서 가족들과 약속을 잡고 계획을 세워 어딘가를 간다는 게 참 어렵습니다. 몇 번 잡아보긴 했는데, 저의 일정 때문에 취소되거나 저를 제외한 가족들만 휴가를 떠나곤 했었죠. 지금 생각해보면 소중한 것과 중요한 것을 제대로 지켜나가지 못한 저의 부족함 때문입니다.

그래도 이런 저를 가족들이 깊이 이해해주어서 항상 고마운 마음으로 의정활동을 하고 있습니다. 저의 정치적 동지이자 남편인 김기문 씨는 늘 이렇게 말해줍니다.

"경희씨, 당신은 사회변혁을 선도하는 적임자야. 당신 듣기 좋으라고 하는 말이 아니야. 아이들 돌보는 것과 살림은 내가 도와 줄게. 그러니 신경 쓰지 말고 열심히, 그리고 똘똘하게, 바르게 만 해줘요."

高기자　부군은 그렇다 치고 자녀들은요? 자녀들도 정치하는 어머니를 이해해 주었습니까?

문경희　아이들도 마찬가지입니다. 오히려 제가 기운이 빠질 때마다 든 든한 위로의 말로 이렇게 힘을 보태줍니다.

"엄마, 엄마는 우리 집의 기둥이자 자랑이에요."

"맡은 일을 사랑하고 즐겁게 해내는 엄마를 볼 때마다 존경하 고, 엄마의 앞날을 언제나 응원해요."

그런 격려와 응원을 들을 때면 가슴이 뭉클해지며 힘이 솟아 납니다.

경주마 경기를 다루는 영화 〈드리머〉에 이런 구절이 나옵니다. 명마 소냐도르와 마주인 11살 소녀 케일이 경기 전 말을 쓰다 듬으며 소냐도르에게 말하는 부분입니다.

"땅이 울린다. 하늘이 열린다."

사고에 의해 발목 부상으로 경주 능력을 상실했던 소냐도르는 마주인 케일의 격려와 응원에 힘입어서 결국 모든 경마인들의 꿈의 대회인 브리더스컵 대회에 출전하여 당당히 우승을 한다 는 감동스토리의 영화입니다.

이처럼 비록 저 역시 부족한 사람이지만 가족들의 격려와 응 원에 힘입어 지금까지 달려왔습니다. 그렇긴 합니다만, 향후 행 보의 숙제 앞에 망설여지는 까닭은 앞서 말씀드린 대로 가족에 대한 미안한 마음 때문인 것이죠.

사정이 이렇다 보니 특별히 여가라고 할 만한 시간이 없었던 것 같아요. 성당을 다니는데, 자매님들과 저녁에 운동 삼아 하천가를 산책하며 잠시 수다를 떠는 게 제 여가생활의 전부가 아닐까 생각이 드네요.

高기자   마지막 질문입니다. 의원님이 품고 계신 지혜로운 삶이나 처세 철학에 대해서 한 말씀 해주실 수 있는지요?

문경희   글쎄요. 제 자신이 지혜롭지 못한 탓에 누가 누구에게 지혜로운 삶을 운운할 수 있을까요? 그래도 늘 지혜로워야 한다며 생각하는 구절이 하나 있긴 합니다.

중국인들이 즐겨 사용하는 '난득호도'^{難得糊塗}라는 말인데요, 우리나라의 '가화만사성'^{家和萬事成} 같이 중국인들에게는 널리 익숙한 글귀입니다.

집집마다 액자에 넣어 걸어두는가 하면 공산품이나, 심지어 월병 이름에도 등장할 정도라고 해요. 자신의 능력을 돋보이려 하지 말 것이며, 타인의 자존심을 건드리지 않고 때로는 자신의 광채를 숨기고 어리석은 사람처럼 보이는 것이 필요하다는 말입니다.

이는 우리나라의 '겸손'이라는 단어와는 결이 조금 다르지만 겸손하게 삼가는 처세의 미학을 제대로 나타낸 말임에는 확실한 것 같아요. 요컨대 진짜 고수는 어리벙벙하게 보인다는 겁니다. 또 깊은 지식을 지닌 현자들은 겉으로 과시하지 않습니다. 앞서 제가 크게 동의한다고 한 것은 사회생활을 하면서 겸손하게

처신할 때 주변으로부터 욕을 먹거나 시기와 질투를 받을 일이
별로 없었기 때문입니다.

개성이 요구되는 현대사회에서 뒤로 물러나 자신을 낮추는 일
이 그리 쉬운 일은 아닐 것입니다. 다만 매사에 넘치거나 부족
함 없이 적당히 하라는 문구라고 생각합니다. 어찌되었거나 겸
손해서 해가 되는 일은 없을 테니까요. 되도록 겸양지덕을 지키
며 살아가는 것이 지혜로운 것 같아요. 저 역시 더 낮은 자세로
봉사하고, 겸손하게 맡은 바 일과 주어지는 일에 최선을 다하겠
습니다.

2부

문경희의
9가지 비전

"엄마는 안심, 아이는 행복"

어린 시절, 5남매를 홀로 키워야했던 저의 어머니는 생활전선에서 일하시느라 여느 가정의 평범한 어머니들처럼 학교 다녀온 저를 집에서 따뜻하게 맞이해주시지는 못했습니다. 남편을 일찍 여읜 까닭이었습니다. 그래서 저는 방과 후 텅 빈 집에서 동생과 둘이 지내기 일쑤였죠. 어디를 가든 저보다 세 살 어린 동생 손을 잡고 같이 다녀야 했고, 또 그렇게 하는 것이 제 마음도 편한 일이었어요. 엄마 없는 빈집에서의 공허함, 허전함 뭐 그런 것들이 가슴 한편에 늘 있었던 것 같아요.

친구 집에 놀러 갈 때면 친구 어머니가 내어 주시는 간식과 따뜻한 미소 그런 것들이 자라는 내내 저는 부러웠습니다. 그래서 그런지 결혼 후, 적어도 나의 아이를 혼자 집에 두는 일은 하지 않겠다고 생각했습니다. 저의 경험으로 미루어 아이가 받을 정서적인 상처가 클 테니까요. 어렵게 입대한 여군학사 장교를 선뜻 그만 두겠다 생각한 이유 중 하나에는 아이의 보육 문제도 크게 작용했습니다.

돌이켜보면 어린 저희들을 집에 두고 밖에 나가서 일해야만 했던 저의 어머니는 또 얼마나 가슴 졸이며 저희들을 걱정하셨을까요. 세월이

흘러 1남 1녀를 둔 평범한 주부가 된 저는 집에서 자녀들을 맞이할 형편은 되었지만 그렇지 못한 맞벌이 부부 가정의 부모들과 아이들의 마음은 또 어떨까요?

그래서 저의 교육비전은 "엄마는 안심, 아이는 행복"입니다. 자녀들이 보육 및 교육기관에 맡겨졌을 때 부모로서 안심할 수 있는 환경과 체계가 갖추어져야 하고, 또 그 보육 및 교육 기관에 등교하는 우리 아이들은 부유한 부모에게서 받는 돌봄 이상의 전문적 보살핌을 잘 받으면서 행복해야 하니까요.

다시 저의 어린 시절로 돌아가서 얘기를 이어갈게요. 혼자 있는 시간이 많았던 저는 공상과 상상의 나래를 펼쳐가며 책 읽기를 좋아했고, 학교에서 선생님께서 책상에 엎드리게 한 후 들려주셨던 《홍길동전》 등 무협담을 들은 후에는 하루 종일 그 위인을 생각하기도 하고, 나도 산과 들을 날아다닐 수 있을까 뛰어다녀 보기도 하고, 심지어 밤에 꿈에서는 높은 언덕 또는 건물 지붕에서 뛰어내려 날아다니는 꿈도 꾸는 그런 순수한 소녀였어요. 그리고 어린 동생과 늘 같이 다녀야 했으므로 이웃친구들과 작은 돌멩이들을 모아 놓고 구슬치기, 사방치기 등 놀이를 할 때면 동생과 한 편이 되어 상대 친구들을 누르곤 했죠. 지금 나이가 되어서야 생각해보니 승부욕도 운동신경도 장난 아니었던 것 같아요. 돌이켜보면 천진난만하게 뛰어놀던 나름 행복했던 어린 시절이었습니다.

그러나 한편으로는 부모의 경제력이 아이들의 자존감에 크게 상처를 줄 수 있다는 경험을 하면서 자란 시기이기도 했습니다. 당시 국민학교(현재의 초등학교) 때 학교에서는 육성회비라는 것을 학생들로부터 받았는데, 저는 그것을 제때에 내본 적이 없어서 방과 후에 선생님께 따로 불려가서 언제까지 가져올 수 있는지 어머니께 여쭈어보고 확답을 받아 오라는 독촉을 받기도 했습니다.

그럴 때면 제 자신이 너무 부끄럽고 학교에 가기가 싫어지더군요. 당시, 배움이 짧아 학벌이랄 것도 없는 여성 혼자서 돈을 벌어 보았자 얼마나 벌었을까요. 저의 어머니가 식당 주방일, 건물 청소부일 등 어떤 일이든 마다하지 않고 닥치는 대로 힘들게 일했지만 우리 집은 늘 경제적인 문제로 허덕여야 했습니다. 그래서 언니, 오빠는 일찍부터 직업전선에 뛰어들었습니다.

그래서 저의 교육철학은 이런 겁니다. "아이들 스스로가 선택한 것이 아닌 부모의 경제력에 의해서 주눅 드는 교육은 올바른 교육정책이 아니다." 적어도 학교를 비롯한 교육현장에서만큼은 아이들 모두가 동등한 환경에서 교육을 받아야 하고, 어른들이 적어도 그런 환경을 만들어 주어야 자라는 아이들의 꿈이 상처받지 않는다는 생각을 품고 있었습니다. 그래서 초선 도의원 당시 무상교육제도가 도입된 초등학교에 친환경무상급식을 외쳤고, 중학교까지 무상급식을 확대하는 일에 많은 이들과 함께 앞장섰던 것입니다.

부모가 아이들에게 맛과 영양 면에서 만족스러운 도시락을 챙겨줄 형편이 안 되는 가정의 아이들과 부모가 경제력이 좋아 누가 봐도 맛있는 반찬과 영양 면에서도 우수한 내용의 도시락을 준비해오는 아이들 사이의 위화감은 누가 조성하는 것이 아니라 자연스럽게 교실 내에서 생길 수밖에 없습니다. 당시에 "삼성그룹의 이건희 회장 손자들에게도 무상급식을 주느냐, 무상급식은 포퓰리즘이니 절대 해서는 안 된다"며 말도 안 되는 정치적 논리로 무상급식을 반대하던 이들은 이제 어디론가 모두 사라졌고, 현재 서울시 오세훈 시장만 아직 남아 있는 실정입니다. 초선 도의원 시절 의회 내 '무상급식, 혁신학교 추진 특별위원회'를 구성할 것을 제안했고, 특위가 구성된 이후 특위 간사를 맡아서 실무를 보았던 저는 당시 상대당과 격렬한 싸움을 벌이기도 했습니다. 지금은 하라면 절대 못할 일이지만 당시에는 의회 맨 앞줄에 앉아 언제 터질지 모를 몸싸움에 대비하기도 했지요.

민주사회에 갈등은 항상 있는 것이고, 옳고 그름의 판단도 서로 다를 수 있기는 합니다. 그러나 '이것은 꼭 필요한 일이고 정의로운 일이다' 싶은 일에서 뒤로 물러나는 비겁함은 적어도 보이면 안 된다고 생각한 것이죠. 당시 지역 주민들께서는 의회에 가서 일만 열심히 하지 절대 서로 싸우지는 말라는 말씀들을 많이 하셨습니다. 그런데, 투쟁하지 않으면 주민들을 위한 올바른 일을 할 수 없었으므로 저는 그렇게 할 수밖에 없었다고 지금도 강변하고 싶습니다.

학교가 필요한 곳에는 학교가 지어져야 하고, 원거리 통학으로 힘든 아이들이 있어서는 안 되며, 부모들도 아이들의 원거리 통학이나 학교 교육환경에 대한 걱정으로 안심하지 못하는 일이 생기면 안 된다는 교육적 소신 또한 어린 시절 경험으로 확고하게 갖게 되었습니다.

그래서 초선 의원이 감히 첫 도정 질문을 하겠다며 나섰고, 그것도 당시 10년 이상의 미해결 과제였던 '학교용지 분담금'이라는 큰 이슈를 가지고 덤빈 것이죠. 그 결과물로 우리 남양주 지역에서는 지금의 천마중학교가 설립되었고, 무상급식 혁신학교 특위 활동의 결과물로는 지금의 마석고등학교가 신설될 당시 '예비혁신학교' 지정을 거쳐 '혁신학교'에 이르게 되었습니다. 혁신학교 지정이 되면 학교 혁신을 위한 예산 지원이 별도로 되던 때라 많은 학교들이 신청했었습니다. 이 모든 교육발전을 위한 일련의 일은 교육재정이 탄탄하게 뒷받침되어야 가능한 일이었습니다. 그래서 누리과정 도입 및 실행으로 경기도 교육재정이 힘들어졌을 때는 경기교육재정 강화 특위를 구성하여 위원장을 맡았고, 국회를 찾아다니며 교육재정을 강화시켜줄 것을 호소하기도 했습니다.

이후 미세먼지 문제가 사회적인 문제로 심각하게 대두되고, 학교에서 아이들이 건강하게 체육활동을 할 수 있게 하기 위해 실내 다목적체육관의 필요성과 또 과밀학급 문제해결에 대한 학부모들의 요구가 강하게 주장될 때 그 일에 전적으로 앞장섰습니다.

우리 지역 심석중학교 교실 증축사업, 화도초등학교, 가곡초등학교 등의 교실 증축사업 등을 추진했던 기억이 납니다. 그리고 마석중학교 체육관, 천마초등학교, 평동초등학교, 수동중학교, 가양초등학교, 가장 최근에는 금남초등학교체육관 등 우리 지역 체육관 신설을 위해 뛰었던 활동도 잊지 못합니다. 물론 이 모든 일련의 활동들은 혼자서 이루어 낸 것이 아니라 지역의 국회의원, 시의원, 관계 공무원, 학부모 등 모든 당사자들의 노력이 함께 이루어 낸 결과물입니다.

이후의 내용으로 저의 교육철학을 실천해 왔던 지난 12년 동안의 일들을 언론자료를 통해 이 책에 소개하고자 합니다. 정치를 희망하시는 분들께 그리고 문경희가 과연 무슨 일들을 해왔는지 궁금해 하시는 지역주민들께 조금의 반향이라도 일으킬 수 있기를 기대해 봅니다.

경기도민일보 | 2012. 02. 13

중학교까지 무상급식 전면 실시 노력

남양주시 화도, 호평, 수동을 지역구로 의정활동을 하는 문경희 도의원이 그간 소속된 여성가족평생교육위원회에서 교육상임위원회 교육위원으로 활동하게 됐다. 문 도의원은 그간 여성가족평생교육위원으로 활동하며 보육, 아동, 청소년, 여성, 평생교육 관련 분야에 대한 정책을 세우고 예산을 반영해 왔다.

올해 만 5세 누리과정을 도입하는 민간어린이집 차액보육료(1인당 3만 원) 79억 원을 확보해 보육가정의 경제적 부담을 경감시켰다. 또 도의회 예산결산위원으로 활동하며 지난 2003년부터 지역주민들의 숙원사업으로 진행해 오던 마석우천 마무리 공사비 52억 원(총 공사비 169억 원) 및 화도체육문화센터 사업비 10억 원 등을 포함해 큰 규모의 도비예산을 확보하는 등 지역발전에 이바지했다.

문 도의원은 "그간 학생인권조례, 무상급식의 실현 및 확대를 통해 교육에서의 보편적 복지를 도모했다"며 "의무교육기간인 중학교까지의 무상급식 전면 실시와 결식아동을 위한 현실적인 학교 밖 급식비 지원을 위해 지속적으로 노력하겠다"고 말했다.

이어 "지난해 화도지역을 중심으로 시작한 교복은행이 올해는 오는 20~22일 화도를 포함해 평내, 호평, 금곡, 와부 지역으로까지 확대 실시

무상급식 특별위원회 회의(제8대, 2010. 08. 30. 자료제공: 경기도의회 사무처)

되게 됐다"며 "교복은행 활동으로 우리 지역의 교복 물려입기가 정착돼
재활용을 통한 환경운동, 학부모의 경제적인 부담을 경감시켜 줄 수 있
도록 많은 학교와 학부모들이 함께해 주길 바란다"고 당부했다.

경인종합일보 | 2021. 01. 29

화도 교복은행 운영진 애로사항 청취

경기도의회 문경희 부의장(더불어민주당, 남양주2)과 교육기획전문위원회 김경근 의원(더불어민주당, 남양주6)은 28일 경기도의회 남양주상담소에서 구리남양주교육청 마을교육공동체담당자들과 남양주교복은행 운영진의 애로사항을 청취하고, 해결방안을 모색하는 자리를 가졌다.

교복은행은 교복 물려주기 사업을 통해 학부모들의 경제적 부담을 경감시키고 학생들에게는 물자 절약과 재활용의 필요성을 교육하고자 설립됐다. 이 자리에서 문경희 부의장과 김경근 의원은 "교복 무상지원 사업이 운영되고 있지만 성장기의 학생들은 신체 성장으로 교복이 맞지 않거나 낡게 되어 추가로 교복이 필요한 경우가 많다"며 "학부모들과 학생들 모두 만족하고 있는 교복은행 사업이 원활히 추진될 수 있게 '경기도 교복은행 설립 및 운영 지원 조례'가 현장의 현실에 맞게 잘 운영되도록 교육청은 노력해야 할 것"이라고 당부했다.

교복은행 운영진은 "교복은행은 순수자원봉사로 운영되고 교복의 세탁 및 수선비용 등이 많이 발생하며, 교복 판매대금은 해당 학교의 장학금으로 환원되고 있다"며 "운영진들은 학부모들의 부담을 줄여주고 학생들에게는 친환경 교육을 실천한다는 자부심으로 봉사하고 있다"고 언급했다. 이어 "최근 교육청에서 교복은행 사업을 일반 수익사업과 같은 공모 절차를 거치도록 절차를 바꿔 애로사항이 발생하고 있다"고 주장했다.

한편 경기도의회 지역상담소는 경기도민의 목소리를 경청하고 어려움을 신속히 해결하기 위해 경기도 31개 시·군에 설치되어 운영되고 있다.

"학교용지 분담금 전출약속 지켜야"

경기도와 경기도교육청이 학교용지분담금을 두고 갈등을 빚고 있는 가운데 경기도의회가 경기도에 학교용지분담금 전출 이행을 촉구했다. 문경희(민·남양주2)·김유임(민·고양5)·이상성(진보정의·고양6) 도의원은 5일 "경기도가 전출계획을 이행하지 않는다면 도민의 불신을 초래하고 의회의 예산심의·의결 기능을 무색하게 하는 것임을 깨달아야 할 것"이라고 주장했다.

이들은 "지난 2010년 학교용지매입비 분담 문제를 해결하기 위해 도의회가 나서 실무협의회를 구성, 도청과 교육청을 중재해 학교용지분담금 전출계획 합의에 이르게 한 바 있다"며 "상호 신뢰를 바탕으로 합의한 전출계획을 이행해야 하지만 도는 현재까지 2012년도분 721억 원을 교육청에 전출하지 않고 있는 상황"이라고 설명했다. 문경희 의원은 "당시 세수로 인한 도의 재정 여건 변화 등을 고려해 합의된 사항"이라며 "경기도가 약속을 이행하지 않는다면 경기도민들이 어떻게 믿고 따를수 있을지 의문이다"라고 비판했다. 그는 이어 "교육청과 도청의 갈등에 의해 도내 학교 설립이 지연되는 등의 문제점이 발생하고 있다"며 "경기도가 조속히 미납된 721억 원을 도교육청으로 전출할 것을 촉구한다"고 덧붙였다.

제253회 제1차 정례회 제1차 본회의에서 김문수 경기도지사를 상대로 학교용지분담금 해결을 위한 첫 도정 질문(2010. 09. 09. 자료제공: 경기도의회)

경기일보 | 2011. 07. 20

"화도지역 중학교 빠른 신설 촉구"

경기도의회 문경희 의원(민·남양주2)은 19일 "남양주 화도지역 중학교 신설이 시급하다"고 주장했다.

문경희 의원은 "과천시의 2배에 달하는 넓은 면적에 인구 9만 명이 넘는 화도읍 전체가 하나의 중학군으로 묶여 묵현리 거주 학생들이 $6km$ 이상 떨어진 인근 학교로 왕복 1시간 이상을 소모하며 통학하고 있다"며 "학원차로 통학을 하기 위해 어쩔 수 없이 학원을 다니는 학생들도 많아 부모들의 경제적 부담이 더해가고 있다"고 말했다.

이어 문경희 의원은 "하지만 도교육청은 학교 신설은 미룬 채 인근 학교 교실을 증축하는 소극적인 태도를 보였다"며 "현재 화도읍 중학군 내 입주를 앞둔 주택수가 400여 가구이고 2015년 입주 예정인 공동주택 택지개발 계획도 진행 중인 만큼 학교설립을 지체하지 말라"고 촉구했다.

뉴시스 | 2011. 12. 01

남양주 마석고, 혁신학교 지정

경기 남양주시 마석고등학교가 혁신학교로 최종 지정됐다. 지난 3월 개교와 함께 혁신학교로 예비지정을 받은 마석고는 지난달 선진형 교과교실제에 선정돼 약 5억원의 예산투자를 받았다. 교과교실제 선정에 따른 교육환경 개선이 이번 혁신학교 선정에 큰 영향을 미친 것으로 나타났다.

마석고는 앞으로 연 2억원 내외의 특별예산을 지원받게 되며, 우수교사 확보, 자율성 수업, 학급당 학생수 25명 내외 감축, 행정보조인력 등을 지원 받게 된다. 혁신학교 지정에 힘써 온 최재성(민주당 남양주갑)의원과 문경희 도의원은 "이번 마석고의 혁신학교 지정을 계기로, 남양주 지역의 혁신학교 벨트화를 위한 노력을 다각도로 진행하겠다"고 밝혔다.

경기교육재정 해결 어려움 호소

경기도의회 교육재정강화 특별위원회 문경희 위원장(더불어민주당, 남양주2)은 7월 6일 권칠승 국회의원실에서 누리과정예산 부담으로 경기교육은 더 이상 정상적 운영을 할 수 없다며 이런 어려움을 극복할 수 있도록 협력을 요청했다.

이날 박옥분 간사, 고윤석 위원 등이 함께한 자리에서, 문경희 위원장은 "다행히도 경기도와 경기도의회가 어린이집 누리예산 6개월분 498억 원을 지원하기로 합의했지만, 초·중·고교 학교환경개선사업에 사용되어야 할 교육협력사업예산 750억 원 가운데 498억 원을 어린이집 운영비와 교사 처우개선비로 사용하기로 해 경기도교육청에서 반발을 하고 있는 등 뚜렷한 해결 기미가 보이지 않는다."고 답답함을 토로하면서, 이에 대한 해결방안으로 지방교육재정교부금법상 내국세 중 교부비율을 현 20.27%에서 25.27%로 상향 조정을 제시했다.

이에 권칠승 국회의원은 "본인이 재선 경기도의원으로 의정활동하면서 위와 같은 상황을 잘 인지하고 있고, 국회의원 출마 공약으로도 누리과정 해결에 앞장서겠다고 한 만큼, 누리과정 소요재원 부담주체를 국가로 명확히 하고, 국가가 수행해야 하는 업무를 지자체에 위임 시, 반드시 비용을 별도로 마련하도록 하는 영유아보육법, 유아교육법, 지방재정법, 지방교육재정교부금법 일부개정안 등 보육대란 재발방지 관련법 3+1을 발의했다."고 밝혔다.

　　문경희 위원장은 "현재 보육의 상황은 대한민국의 가장 큰 이슈라며 이 점을 인식하여 발의한 법률안들이 통과될 수 있도록 최선의 노력을 다해 달라."고 부탁했다.

심석고 지하 공영주차장 조성

경기도의회 건설교통위원회 문경희 도의원(남양주2)은 지난 20일 경기도의회 남양주상담소에서 심석고등학교, 경기도 광역교통정책과, 남양주시 자동차관리과 관계자들과 간담회를 가졌다.

이번 간담회는 2019년 2월부터 협의된 심석고 다목적강당 증·개축 공사와 연계한 공영 주차장 조성 예산수립 계획에 대해 논의하고자 마련됐다. 관계자들과 해당 사업의 추진 현황 및 향후 계획에 대해 협의 후 문경희 도의원은 "화도읍으로 유입되는 인구와 차량의 증가로 주차난이 심각하다"며 "시가지 중심에 위치한 심석고등학교 운동장 지하에 공영 주차장을 설치하고 학교가 희망하는 노후된 강당의 증축공사를 병행한다면 지역주민은 물론 학교와 학생 모두가 혜택을 받게 된다"고 말했다. 이어 "해당 사업이 조속히 추진될 수 있도록 관계기관 모두 협조해 달라"며 "우리 지역의 국회의원과 함께 국비확보 노력에도 힘쓰겠다"고 밝혔다.

경기매일 | 2021. 01. 11

가양초 체육관 증축 정담회

경기도의회 문경희 부의장(더민주, 남양주2)과 김경근 도의원(더민주, 남양주6)은 지난 7일 남양주시 수동면 가양초등학교 체육관 증축 정담회를 개최했다.

가양초 다목적체육관 건립예산 26억 원을 확보한 현장을 방문하여 체육관의 위치 선정에서 마무리까지 꼼꼼하게 준비하고 학생들의 편의는 물론 지역주민이 함께 공유하는 지역사회 중심 공간으로 활용될 다양한 방안을 요구, 제시했다.

문경희 부의장은 "다목적 체육관이 신설되면 학생들이 더 좋은 환경에서 체육활동을 할 수 있을 것으로 기대된다"며 "지역의 교육재정확충뿐만 아니라 앞으로도 교육환경 개선을 위한 예산 지원을 위해 꾸준히 노력하겠다"고 말했다.

이어 김경근 의원은 "학생 건강보호 차원의 다목적 실내체육관 건립이 시급한 상황이었는데 꿈 많은 어린 학생들에게 쾌적한 교육환경을 만드는 데 도움이 될 것으로 기대된다"고 전했다.

경인종합일보 | 2021. 11. 02

금남초 시설개선 애로사항 청취

경기도의회 문경희 부의장(더민주, 남양주2)은 1일 구리남양주교육지원청 신숙현 교육장 등 관계공무원과 함께 남양주 화도읍에 위치한 금남초등학교(교장 조은숙)를 방문했다.

이번 정담회는 학교시설 개선을 위한 학교체육관 건립 예산지원, 급식 현장 방역 체계 등 애로사항을 청취하고 해결방안에 대하여 의견을 나누는 자리를 가졌다.

문경희 부의장은 애로사항을 청취한 후 "단계적 일상회복(위드 코로나) 추진 계획에 맞춰 학교급식시설의 안전관리와 안전사고 예방 등 급식 환경 개선은 교육의 연장이다."며 "우리 아이들의 건강을 지키고 안전한 환경이 조성될 수 있도록 노력하겠다."고 말했다.

이어 문 부의장은 "학생들의 편의와 체계적인 방역을 위한 예산 지원이 필요하며 오늘 논의된 문제점에 대한 개선방향과 건의사항을 적극적으로 검토해 줄 것"을 경기도 교육청 관계자에게 당부하며 정담회를 마무리했다.

경인종합일보 | 2021. 10. 21

조안초 급식실 현안 문제 관련 정담회

경기도의회 문경희 부의장(더민주, 남양주2)은 김경근 의원(더민주, 남양주6)과 함께 20일 남양주 조안면에 위치한 조안초등학교(교장 김필주)를 방문하여 학교 급식실 현안 문제에 대한 정담회를 가졌다.

이번 정담회는 코로나19 장기화로 교육활동에 어려움이 크지만 학교 전면 등교 안착을 앞두고 있는 시점에서 학생과 학부모가 안심하는 안전한 학교 급식이 될 수 있도록 하기 위해서 진행됐다.

문경희 부의장은 "교육 회복을 위한 단계적인 등교 확대가 이뤄지는 만큼 학교 급식 현장 방역 체계를 철저히 정비하고, 코로나19 상황에 학생들이 생활하는 학교가 좀 더 쾌적하고 안전한 환경이 조성될 수 있도록 노력하겠다."고 말했다.

이날 정담회에서는 학교 급식실 환경 개선을 위한 논의가 이루어졌으며, 급식실 조리종사원들의 각종 유해물질 노출 근무환경에 대한 개선방향과 코로나19 상황 지속에 따른 전면 등교 안착을 위한 학교 급식실 관련 기구 지원의 필요성에 대해서 심도 있는 논의가 이루어졌다.

경인종합일보 | 2017. 12. 28

청소년들과 교육환경 개선 논의

경기도의회 문경희 도의원(더불어민주당, 남양주2)은 지난 26일 남양주 상담소에서 청소년들과 함께 교육환경 개선에 대해 논의하는 자리를 가졌다. 이번 간담회는 청소년모의지방의회에 참가하는 서준석 군(마석고)이 학생들과 만든 조례안에 대해 문경희 도의원과 토론하기 위해 마련됐다.

서준석 군은 "학교 시간표 속에 빈 시간을 만들어 공강제를 실시하는 조례안은 공강을 통해 생긴 시간을 학생들이 자유롭게 활용하기 위해서 필요하다."고 했다.

또한 "과학고와 영재학교 등 일부 학교에서 공강제와 블록타임제(90분 수업)를 실시하고 있는데 학생들의 수업만족도가 높다."고 했다. 이에 문경희 도의원은 "학생들의 조례안은 보완해야 할 부분도 있다. 하지만 공강제를 통해 자기주도적 학습환경 조성으로 교육적 효과가 높아진다면 이는 청소년기본법 제48조에 의거 국가 및 지방자치단체가 시책을 수립·시행해야 한다. 따라서 교육기관은 형식적인 교육행정을 탈피하고 학생의 성장을 지원하도록 노력해야 한다."면서 "학생들의 조례안은 매우 중요한 의미가 있으며, 이를 통해 미래의 주역인 학생들이 민주시민으로 성장해 갈 수 있기를 바란다."고 당부했다.

윈뉴스 | 2015. 04. 08.

"세월호 특별법 무력화하는 시행령안 폐기하라"

경기도의회 교육위원회 문경희 의원(새정치, 남양주2)은 지난 7일 제 296회 임시회 1차 본회의에서 '세월호 특별법 무력화하는 정부의 시행령안 즉각 폐기'를 촉구했다. 문경희 의원에 따르면, 시행령은 객관적인 조사를 진행할 특별조사위원회의 각 소위원회 업무는 오히려 조사대상이 되어야 할 해양수산부 및 관계부처 공무원들이 진상규명을 하도록 돼 있다. 조사 범위도 '성역 없는 진상조사'가 아닌 '정부의 진상조사 결과의 분석 및 조사'로 축소함으로써 정부가 실시한 조사를 검증하는 특별조사위원회로 전락했다.

특별조사위원회의 인원을 90명으로 한정함으로써, 당초 특별법이 120명 이내로 규정한 정원을 대폭 축소한 점도 문제다. 또 실무 조사요원의 50%를 민간전문가가 아닌 일반 공무원이 담당하게 함으로써 실질적인 진상조사를 방해하고 있을 뿐만 아니라, 민간전문가는 하위계약직 공무원에 임용하고, 파견공무원은 고위직에 발령함으로써 실질적으로 조사를 통제하겠다는 불순한 의도를 드러내고 있는 실정이다.

문경희 의원은 "정부는 특별조사위원회를 불구로 만들 세월호 특별법 시행령을 폐기해야 한다"며 "뜬금없이 배상기준을 발표하여 유가족 보상금이 4억이니, 7억이니 하는 언론플레이를 중단하라"고 주장했다.

"생애주기별 맞춤 복지 필요"

재선 도의원이던 9대 도의회에서 상반기에는 교육상임위원회에서 간사를, 하반기에는 보건복지위원회에서 위원장을 맡아 일했습니다. 흔히들 의회의 꽃은 상임위원회라고 합니다. 저 역시 그렇다고 말하곤 합니다. 그만큼 자신의 상임위원회 소관 전문분야에서 깊이 있게 현안을 다룰 수 있기 때문입니다.

보건복지위원장을 맡으면서 저는 경기도 전체의 복지 정책을 들여다보고 당시 1300만이던 경기도민들께 필요한 복지정책에 대해 고민하며 경기도 집행부를 견제하고 감시하였고, 경기도 전체 예산을 심의 의결하였습니다. 또 예산증액이 필요하다고 생각하는 사업에는 집행부와 머리를 맞대고 협상하면서 증액을 끌어내기도 했습니다. 물론 의회는 입법기관이므로 의원으로서 지속적으로 필요한 정책들을 조례로 만들기 위해 조례 대표 발의를 하기도 했습니다. 그리고 3선인 현재도 보건복지위원회 위원으로 일하고 있기에 나름 복지 분야에서는 준전문가라고 생각하고 있습니다.

복지는 요람에서 무덤까지에 이르는 생애주기별 대상별 다양한 정책이 촘촘하게 짜여져야 하는 영역입니다. 아이가 태어나기 전 임신 때부터 영유아기 때에 필요한 보육복지, 만3세 이상부터 학령기까지의 교육복지, 청장년이 되었을 때 필요한 각종 사회복지, 퇴직 후 인생 2모작 혹은 3모작을 준비하는 세대들을 위한 인생재설계 복지, 노인이 되었을 때 필요한 노인복지 등 생애주기별 맞춤형 복지정책이 필요합니다. 또 복지가 필요한 대상에 따라 저소득층, 장애인, 노인 등 사회적 취약계층에 대한 사회안전망 구축을 위한 복지정책이 필요하기도 합니다. 그래서 보건복지위원회에서의 활동이 제 개인적으로는 우리 주위의 힘든 분들과 함께하며, 그분들의 삶을 조금이라도 향상시키기 위해 직접 뛸 수 있었기에 참으로 소중하고 의미 있는 일이라고 생각합니다.

경기도에 사는 누구든 경기도의 정책을 통해 경기도민으로서 차별받지 않는 복지혜택을 누려야한다는 생각이었습니다. 그러나 경기도 31개 시·군의 재정형편이 각각 달라 복지 수혜 정도에도 격차가 있어, 저는 우선 31개 시·군의 복지균형발전을 위한 기준선 수립에 열중하였습니다. 이는 정책의 균형 또는 형평성의 가치의 실현이기도 했습니다. 그래서 복지기준선 수립을 위한 연구용역 활동에 직접 참여도 하고 시·군 복지전문가들 및 당사자들과 권역별 토론회를 직접 추진하거나 동료 상임위원들과 함께하면서 복지현장의 소리를 최대한 반영하려고 노력했습니다.

보건복지위원회는 그 명칭에서 나타나듯이 복지 분야와 보건의료 분야를 함께 관장하는 상임위원회입니다. 제가 상임위원장으로 일할 때나 지금이나 보건의료 분야에 있어서는 경기도민의 건강을 위해 공공의료의 혁신을 위해 노력했던 시간이었다고 감히 자부합니다. 공공보건의료의 질적 향상을 위해 '경기도 공공보건 의료지원단'을 출범시키는 데 앞장섰으며, 6개의 경기도 의료원과 6개의 경기도 노인전문병원 등, 경기도 공공보건의료 시설을 경기도민이 잘 이용할 수 있도록 유기적인 협력체계를 구축하도록 공공의료네트워크 구축에도 힘써왔습니다.

또 경기북부 공공의료원 확충을 위한 연구용역 자료를 들여다보면서 지역별 의료시설 현황을 꼼꼼히 살펴보게 되었는데, 우리 남양주시의 의료시설이 타 지역에 비해 많이 취약함을 느끼게 되었습니다. 바로 이웃인 의정부시하고만 비교해보더라도 의료시설이 턱없이 부족한 실정입니다. 의정부시는 기껏해야 인구가 우리 시의 절반 수준인 40여만 명밖에 안 되는데 의정부성모병원, 을지병원 등 대형종합병원이 2개나 되는데 남양주시는 하나도 없습니다. 의정부시에는 공공의료원도 있는데, 우리 남양주시에는 없습니다. 그래서 저는 남양주시에 대형 종합병원 유치와 공공의료원 설립이 시급하다고 주장하는 것입니다. 그리고 경기북부지역의 복지 기준선보다 떨어지는 여러 복지 분야는 서둘러 평균 수준으로 올리고, 이어서 바로 경기북부지역을 선도할 수 있는 복지 선진지역으로 이끌어가야 한다고 생각합니다.

앞에서 저는 우리 남양주시의 행정이 잘 돌아가기 위해서는 행정 일선에서 일하는 공무원들의 근무환경과 분위기를 자유롭고 쾌적하게 만들어야 한다고 제안한 바 있습니다. 복지실천 현장에서도 마찬가지라고 생각합니다. 장애인 복지, 노인복지, 일반사회 복지 등 모든 분야의 복지현장에서 일하는 사회복지사, 요양보호사 등의 근무자들이 행복해야 그들에게 돌봄을 받는 복지대상자들이 행복해집니다.

복지현장과 복지 분야에 대한 저의 부족함을 메우고 깊이 있는 이해를 위해 현장을 뛰어다니는 것은 물론 복지 관련 공부를 틈틈이 하다 보니 이제는 관련 학사학위와 1급 사회복지사 자격증 소지자가 되었습니다. 복지 분야 일을 하는 동안 일도 즐겁게 하고, 다양한 경험을 통해 생각의 폭도 넓어졌습니다. 저는 이 일을 통해서 제 자신이 좀 더 커질 수 있는 배움도 함께할 수 있었던 일석이조의 시간들을 보낸 것 같아 저를 선택해주신 지역주민분들께 항상 고마운 마음 가득합니다.

2020년부터 현재까지, 코로나19라는 그 누구도 예상치 못한 바이러스의 침범에 전 세계가 무기력해졌을 때, 코로나로부터 국민들을 지켜내기 위한 보건의료 인력들의 희생과 봉사 그리고 국가의 방역지침을 잘 따라준 국민들 덕분에 그나마 우리나라는 방역선진국으로 전 세계에 알려지게 되었습니다.

온 국민들이 고통을 겪고 있는 코로나 상황에 의회의 일원으로서 전체 경기도민이 수혜를 받을 수 있도록 재난지원금 예산을 의결했으며, 경제적 직격탄을 맞은 중소상공인들을 위한 피해보상 및 긴급대출을 위한 맞춤형 복지를 실천해가기 위해서도 노력해 왔습니다. 복지에서 '선택적 복지가 답이다' 혹은 '보편적 복지가 답이다'라는 식의 이분법적 논리는 적절하지 않은 것 같습니다. 그때그때의 상황과 긴급성, 대상 등에 따라 정책 판단은 유동적이어야 하는 것이죠.

중앙정부는 전 국민을 대상으로 거시적이며 광범위한 정책을 펼침니다. 대신 국민들이 그 복지정책을 실감하기까지 시간이 좀 걸립니다. 반면에 지방정부는 지자체의 특성에 맞는 혹은 긴급성을 요하는 정책 등을 빠르고 적기에 실현할 수 있습니다. 지방자치가 필요한 이유입니다

얘기가 살짝 옆으로 빠졌네요. 다시 복지 실천 현장으로 돌아가겠습니다.

금세 종식될 수 있을 것 같던 코로나 상황이 올해로 3년째 지속되고 있습니다. 누구보다 의료 현장에서 고생하고 있는 보건의료 인력들은 이미 지칠 대로 지쳐 탈진 상태입니다. 의료인으로서의 사명감이 없다면 이 분들이 지금까지 이렇게 굳건히 잘 버텨낼 수 있었을까요? 그렇지만 언제까지 의료인들의 사명감에만 의존해서는 안 된다는 생각에 '경기도 보건의료인력 지원조례'를 대표 발의했고, 경기도의회 본회의를 통과하여 조례는 제정되었습니다.

이 조례를 준비하게 된 이유는 그동안에도 과도한 야간 근무, 초과 근무 등으로 근무환경 문제가 계속 야기되어 왔는데 코로나19로 인해 이러한 문제점들이 더욱 심각해진 상황이라 열악한 근무환경에서 일하고 있는 보건의료 인력을 지원하여 보건의료 인력의 수급 개선과 복리 증진을 도모하기 위함이었습니다. 늘 그렇듯이 현장에 답이 있습니다. 현장에 자주 가보고 현장과 소통하면 어떤 정책들이 필요한지, 그래서 어떤 조례를 입법해야 하는지가 보입니다.

또한, 앞에서 복지실천 현장에서 근무하는 사회복지사 및 요양보호사 등의 돌봄 근무자들이 행복해야 그 수혜자인 대상자들이 행복해

진다고 말씀드렸습니다. 그래서 2017년 '경기도 장기요양요원 처우개선 조례'를 대표 발의했고, 이 조례 또한 본회의 의결을 거쳐 조례로 제정되었습니다. 조례 내용 중 중요한 것 하나가 장기요양요원 지원센터 설립을 하는 것이었습니다. 이것은 그동안 진척이 없다가 최근 2021년 마침내 '장기요양요원 지원센터'가 설립되어 이제 이 분들의 권익과 처우개선을 위한 업무를 직접 담당할 부서가 생기는 쾌거를 이루게 되었습니다.

4년이라는 긴 시간이 걸렸지만 이 역시 '꼭 해내야 하는 일이라면 포기하지 않고 꾸준히 노력하여 이루고야 만다'는 신념으로 이루어 낸 사업입니다. 어떤 일은 바로바로 해결되기도 하지만 또 어떤 일은 긴 호흡으로 중장기적인 안목과 인내심을 가지고 추진해야 하는 사업도 있으니까요.

지방의원의 임기가 4년이라는 제한된 시간입니다만 시간에 쫓기다 보면 일을 그르치기 쉽습니다. 내가 아니면 나와 생각을 같이 하는 동료와 함께해도 가능함을 꼭 말씀드리고 싶습니다.

그 대표적인 예로 '교복은행'은 우리 화도지역에서 먼저 시작하여 경기도 13개 지역으로 퍼진 정책이지만 실제 이것을 조례로 만들기 위해 대표 발의한 의원은 제가 아니라 동료의원이었던 이효경 의원이었습니다. 8대 상반기에 잠시 교육위원회에서 교육위원으로 일했지만 하반기에는 이 일을 담당하는 주 상임위원회인 교육위원이 아니었으므로 화도교복은행을 벤치마킹했던 당시 성남 출신 이효경 의원이 성남지역에서 교복은행을 만들면서 '교복은행 지원조례'를 대표 발의했고, 저는 공동발의자가 되었죠. 그 덕분에 '교복은행 지원조례'가 만들어져 경기도 학생들을 위한 교육복지차원의 조례가 하나 만들어지게 되었습니다.

이 얘기를 굳이 꺼내는 이유는 때로는 실익을 위해서는 본인이 대표성을 띄지 않아도 된다는 말씀을 드리고 싶고, 동료의원들과 잘 지내는 것이 정말 중요하다는 말씀을 드리고 싶어서입니다. 이 책을 통해 교복은행의 취지에 공감하며 함께해주신 8대 이효경 전 의원님께 감사를 드립니다.

이 외에도 인간수명 100세 시대를 건강하고 행복하게 보내기 위해 어르신들 '무료이동진료 사업' 등 찾아가는 어르신 건강관리서비스 사업 확대를 주장했고, 보수적인 우리 사회에서는 공개적으로 이슈화시키기를 다소 꺼렸던 노인 성인식 개선 문제를 이슈화하여 '노인 성인식 개선 사업 활성화 간담회'를 개최하고 관련 조례를 제정하기도 했습니다.

또, 우리 사회의 약자인 장애인 자립지원을 위한 TF를 구축하여 자립지원을 위한 다양한 의견 수렴을 위해 노력하기도 했습니다. 장애인 자립지원과 더불어 시설거주 장애인들의 편의를 위한 시설 리모델링 등에도 노력해 왔습니다. 보건복지 위원으로서 했던 의미 있는 활동들은 참고자료가 될 수 있도록 다음 부분에서 신문 보도 자료 등을 통해 좀 더 상세히 기록해 두고자 합니다.

찰리 채플린의 명언 중 제가 특별히 좋아하는 구절이 있습니다.
"영원히 살 것처럼 꿈꾸고 오늘 죽을 것처럼 살아라."
그래서 오늘도 우리 시 발전을 위해 저와 함께 꿈을 꿀 사람들을 찾습니다.

경기매일 | 2016. 10. 20

복지예산 일몰사업 예산반영 논의

　　경기도의회 보건복지위원회 문경희 위원장은 19일 경기도의회 보건 복지위원회 위원실에서 경기도사회복지연대회의 대표위원들과 간담회를 가졌다. 간담회에 참석한 이경학 경기도사회복지협의회장을 비롯한 10여 명의 대표위원들은 오는 2017년도 복지예산 중 노인복지관 운영사업, 사회복지시설 기능보강사업, 사회복지정보센터사업, 장애인복지관 운영지원 사업 등 주로 2017년도 일몰사업에 대한 애로사항과 예산반영을 건의하고 향후 발전적인 정책 방향 모색을 위한 논의의 시간을 가졌다.

　　김문환 복지정책과장은 "경기연구원의 재정사업 평가결과와 시군사무, 재원의 한계 등으로 사업부서 의견과는 반대로 일몰사업으로 결정됐지만 최대한 예산이 반영되도록 노력하겠다"고 말했다. 문경희 위원장(더민주, 남양주2)은 복지사업을 경제적인 논리로만 평가하고 접근할 것이 아니라 경기도가 광역자치단체로서 시군의 복지 격차를 완화해주는 역할과 복지기준선 등을 고려해 열악한 사회복지시설에 대한 지원과 감독을 당부하며, 일몰사업에 대해 재검토해 경기도가 복지예산에 대해 반영할 것을 집행부에 주문했다.

경기매일 | 2017. 01. 22

복지 균형발전 위한 전략 도출 '앞장'

경기도의회 보건복지위원회 문경희 의원(더민주, 남양주2)은 지난 20일 경기복지재단이 개최한 '경기도 복지 균형발전 기준선 도달을 위한 맞춤형 전략과제' 시군 토론회에 참석했다.

이날 토론회에는 문경희 의원(더민주, 남양주2)을 비롯해 신낭현 경기도 보건복지국장, 우미리 경기도 복지여성실장, 최현덕 남양주시 부시장, 남양주시 사회복지업무 담당 공무원, 사회복지기관 관계자 등 60여 명이 참석했다.

토론의 좌장을 맡은 문경희 의원(더민주, 남양주2)은 "남양주시는 읍면동이 모두 존재하는 도농복합도시이면서 팔당호 규제를 받는 등 균형발전이 어려운 지역적 특성이 있고 남양주시 내부적으로 생활권역 간 지역 격차뿐만 아니라 노인, 장애인 등 계층 간 불균형도 심각한 상황이기 때문에 복지균형에 대해 관심을 갖는 것은 매우 중요하다"고 강조했다.

또한, "아동 빈곤율을 개선할 수 있는 전략들, 근로소득을 향상시킬 수 있는 생활임금제의 도입, 노인자살률 예방, 어르신들의 일자리 발굴 및 확대 등 남양주에 맞는 다양한 전략들이 제시되고 있는데, 이 과정에서 필요한 부분은 경기도의회 차원에서도 최선을 다해 적극적으로 지원하겠다"고 말했다.

노인복지 균형발전 토론회 개최

경기도의회 보건복지위원회 문경희 위원장(더불어 민주당, 남양주2)은 18일 '남양주시 노인복지 균형발전 기준선 실효화를 위한 토론회'를 개최하였다. 이날 토론회는 경기복지재단이 2016년부터 진행한 '경기도 균형발전 기준선 연구'의 전략과제가 남양주시 노인복지 격차 완화에 실제적으로 기여할 수 있는지를 점검하기 위한 것으로, 남양주시 복지 현장 전문가, 사회복지업무 담당 공무원 등 50여 명이 참석했다.

토론의 좌장을 맡은 문경희 위원장(더불어 민주당, 남양주2)은 "남양주시 노인복지인프라는 남양주시의 시세市勢와 비교하여 매우 부족한 상황"이라고 진단하고, "부족한 시설은 결국 지역사회의 공동체 활동으로 메꿀 수밖에 없다"고 주장하였다.

특히, "지속적으로 증가하는 노인의 돌봄 문제는 노인일자리와 사회참여를 통해 해결"해야 하며, 다각적인 관심이 필요함을 강조하였다. 이를 위해 "노인일자리와 자원봉사를 담당하고 있는 남양주시 실버인력뱅크에 대한 지원조례를 만들어야 한다"고 주문하였다.

한편 오늘 토론회는 지난 8월 21일 저소득 및 일자리분야에 이은 두 번째로 향후 장애인분야 균형발전을 위한 토론회가 한 차례 더 개최될 예정이다.

경인종합일보 | 2016. 10. 09.

남양주시 장애인복지관 건립 방안 논의

경기도의회 보건복지위원회 문경희 위원장(더민주, 남양주2)은 지난 7일, 경기도의회 4층 소회의실에서 사회복지시설 확충방안 협의를 위한 간담회를 개최했다. 경기도는 남부와 북부 지역 간 복지시설, 복지자원 등 복지수준 격차가 현안사항으로 꾸준히 제기되어 왔으며, 2016년 경기복지재단에서 수행한 '경기 북부지역 사회복지 인프라 확충 방안' 연구에 따르면 수요 인구대비 시설유형을 분석한 결과, 남양주시는 장애인복지관 1개소, 사회복지관 1개소가 필요한 것으로 나타나는 등 북부 권역에 사회복지시설 확충에 대한 욕구와 타당성을 확인할 수 있다.

문경희 위원장(더민주, 남양주2)은 "도내 남·북부 복지 불균형을 해소하고, 지역에 관계없이 균질적인 복지서비스를 제공받을 수 있도록 관련 인프라 구축은 시급한 과제"임을 강조하며, 사회복지시설 확충 방안 마련을 위한 지혜를 모아 남양주시를 비롯한 북부 권역의 복지 수준 향상 도모를 위해 노력할 것임을 밝혔다.

이날 간담회에는 경기도 보건복지국장, 복지정책과장, 노인복지과장, 장애인복지과장 및 남양주시 복지문화국장, 동부노인복지관장 등이 참석해 3대 복지관(종합, 노인, 장애인) 지원방안 및 남양주시 장애인복지관 건립 지원 방안 등에 대한 논의의 시간을 가졌다.

통합사례관리 평가체계 개선 촉구건의안

경기도의회 보건복지위원회 문경희 의원(더민주, 남양주2)이 대표 발의한 '복지서비스의 통합 연계·제공과 복지증진을 위한 통합사례관리 평가체계개선 촉구건의안'이 지난 1일 제322회 임시회 제1차 보건복지위원회에서 통과됐다.

문경희 경기도의원이 대표 발의한 건의안은 통합사례관리 실적과 관련된 정부합동평가 지표에 있어 사례관리 선정건수에 대한 비중을 낮추고 서비스제공 건수와 서비스연계 건수 등에 대해 배점을 증대하며, 질적 평가 체계를 도입하는 등 정부합동평가 지표 개선을 촉구하는 것이다.

문경희 의원은 통합사례관리 평가 기준이 대상자 선정건수 등 양적 성과에 배점 비중이 높아 대상자 선정 자체가 목표가 되거나 시·군간 경쟁과열, 서열화를 비롯한 실적(입력)관리에 과도한 인력 소모 문제가 야기되고 있는 등 현장의 내실 있는 사례관리를 저해하고 있는 실정을 지적하며, 실적 관리에 급급해 대상자들에게 필요한 다양한 서비스, 양질의 서비스를 제공·연계하지 못한다면 그 피해는 고스란히 도민의 몫이 되는 것임을 강조했다.

아울러 통합사례관리 사업의 본래 목적이 복합적 욕구를 가진 대상

자에게 통합적 서비스 제공, 자원연계를 통한 문제 해결 등 질적인 부분
이 중요하기에 통합사례관리 정부합동평가 지표 등 평가체계가 반드시
개선될 수 있도록 지속적인 관심을 가지고 노력할 것임을 밝혔다.

경인종합일보 | 2020. 11. 08

"지역 관계없이 동등한 복지혜택 받아야"

　　문경희 경기도의회 부의장(보건복지위원회, 더민주, 남양주2)은 지난 6일, 2020년 경기복지재단 행정사무감사에서 경기복지재단의 복지기준선 연구용역 현황과 북부센터 인력 및 기능 강화 등에 대해 지적했다.

　　문경희 부의장은 "경기도에 살고 있는 모든 도민은 지역과 관계없이 동등한 사회복지 혜택을 받아야 한다. 지난 몇 년간 실시한 복지기준선 연구용역이 용역으로 끝나서는 안 되며 정책과 예산으로 반영되어야 한다"며 "용역결과가 31개 시군과의 협의를 통해 반영되어야 하고 시군, 읍면동별 사회복지시설 설치의 가이드라인을 제시해야 한다"고 요구했다.

　　이어 "경기도 복지균형 발전을 위해 설치된 경기복지재단 북부센터를 현장 방문한 결과 제 기능을 하기에는 인력이나 시설 비품, 등 여러 가지 면에서 아직 부족한 부분이 많은 것으로 보인다. 북부센터와 교육장이 별도로 떨어져 운영되는 부분도 문제가 있다"고 주장했다.

　　문경희 부의장은 경기복지재단이 운영 중인 '복지경영 최고지도자 과정'과 관련해 강의 내용의 정치적 중립성 문제, 변화하는 복지정책을 반영하는 강사와 강의 주제 선정의 필요성 등에 대해서도 언급했다.

경기매일 | 2017. 05. 25

경기도 공공보건의료지원단 출범식

경기도의회 보건복지위원회 문경희 위원장(더민주, 남양주2)은 지난 23일 경기도 공공보건의료 포럼 및 출범식에 참석했다. 경기도 공공보건의료지원단은 경기도 공공보건의료 혁신과 질 향상을 목적으로 구성됐으며, 경제적 이유나 지역적 조건으로 의료혜택을 받지 못하는 이른바 건강불평등 문제 해결을 전담할 공공보건의료 정책지원 기구이다.

그동안 경기도는 전국에서 가장 많은 인구와 지역에 따라 의료 환경이 매우 다르고 취약계층이 가장 많이 거주하고 있는 광역도시가 많아 공공보건의료 역할을 더욱 확대해야 할 필요성이 대두되어 왔다. 경기도의회에서는 이러한 문제 해결을 위해 지난해 9월 '경기도 공공보건의료지원단 설치 및 운영에 관한 조례'를 제정해 경기도가 공공보건의료의 역할을 하는데 법적 근거를 마련했다.

문경희 위원장은 "1300만 경기도민 누구나 어디에 살든지 다양한 보건의료서비스를 받을 수 있는 환경을 만들기 위해 최선의 노력을 다 할 것"이라며 "경기도의 상황, 그리고 각 시군의 상황에 맞는 맞춤형 정책을 마련하겠다."고 말했다.

경기매일 | 2021. 03. 10

경기북부 공공의료 확충방안 연구용역 보고회

경기도의회 문경희 부의장(더민주, 남양주2)은 9일 도의회 대회의실에서 열린 '경기도 북부지역 공공의료 확충방안 연구용역 결과보고회'에 참석했다. 이날 정담회는 ▲경기도 북부지역의 의료환경 분석 ▲북부의료원 신규 설치에 대한 의견수렴 ▲북부의료원 건립 및 운영 방안 마련 ▲북부의료원 신규 설치에 따른 비용 분석 등 다양한 의견을 제시하는 자리였다.

문경희 부의장은 "의료공급체계는 도민이 필요로 하는 의료서비스를 적기에 지속적으로 제공할 수 있어야 하고, 경기도의료원의 기능 개편 등 다양한 정책적 과제 해결이 필요하다"면서 "오늘 연구용역 결과보고회에서 의견 수렴한 내용을 소관 상임위와 소통하여 보완하기 바란다"고 요구했다. 이날 정담회에는 도의회 보건복지위 방재율 위원장, 최종현, 유광혁, 이영주 위원을 비롯한 김미리 의원, 박태희 의원, 이용철 행정1부지사, 경기도의료원 정일용 의료원장, 하성호 의정부병원장, 백남순 포천병원장, 추원오 파주병원장, 공공보건의료지원단, 전문가 등 의료현장 관계자들이 참석했다.

의료취약지 지정고시 개정 촉구 건의안 발의

경기도의회 보건복지위원회 문경희 의원(더민주, 남양주2)이 대표 발의
한 "경기북부 지역의 안정적 응급의료체계 구축을 위한 '응급의료분야
의료취약지 지정' 고시 개정 촉구 건의안"이 지난 16일 제320회 정례회
제2차 보건복지위원회에서 통과됐다. 문경희 의원이 대표 발의한 건의
안은 경기북부지역의 안정적 응급의료체계 구축 및 지원을 위해 응급의
료분야 의료취약지 지정 기준 변경 또는 예외기준을 마련하여 포천시가
응급의료 취약지에 포함되도록 '응급의료분야 의료취약지 지정' 개정을
촉구하기 위한 것이다.

문경희 의원은 "경기북부 지역은 지역 특성상 산악사고, 군부대폭발
사고, 협소한 도로로 인한 다량의 교통사고 발생, 독거노인 자살 등 응
급환자 발생 요인들이 산재해 있어 안정적인 응급의료체계 구축이 매우
절실한 상황이다"며 "포천시는 자살률 도내 6위, 교통사고 중상자율 도
내 3위를 차지하는 등 응급의료의 필요성 및 의료요구도가 높은 지역이
다"라고 전했다.

하지만 포천시는 「공공보건의료에 관한 법률」상 '응급의료분야 의료
취약지 지정 기준'에 따라 응급의료취약지 지정에서 제외돼 있어 2016
년부터 국비지원이 중단되고, 현재까지 각종 혜택에서 배제되어 있는 실

정이다. 실제 포천시의 경우 응급실 이용자수 십만 명 당 기관수를 살펴보면, 2.2개소로 전국 4.1개소에 비해 현저히 낮은 것으로 나타났으며, 가평은 22.7개소, 여주는 4.6개소, 연천은 13.3개소로 나타나, 포천시가 현재 응급의료분야 의료취약지로 지정되어 있는 지역보다 응급의료 인프라에 있어 더 취약한 실정임을 알 수 있다.

문 의원은 "응급환자의 도달시간을 기준으로 의료취약지를 선정하는 현재의 기준은 지역 내 교통 인프라 및 환경을 고려하지 못해 경기 북부지역 주민들에게 의료불평등에 의한 상대적 박탈감을 주고 있다"며 "응급의료 수요가 많고 취약계층 인구 비율이 높은 포천지역 주민들은 응급의료기관 방문 시 응급의료 수가를 적용받지 못하는 등 상대적으로 응급의료 사각지대에 놓여 있는 현실이다"라고 강조했다.

또한 보건복지부 고시 '응급의료분야 의료취약지 지정' 개정을 촉구하는 본 건의안 발의를 시작으로 경기북부지역의 안정적 응급의료체계 구축을 위해 지속적으로 노력할 것임을 밝혔다.

한편 본 건의안은 27일 경기도의회 제320회 정례회 제2차 본회의 심사를 거쳐 보건복지부로 전달될 예정이다.

경기매일 | 2021. 04. 29

'장애와 다양성 공감' 도민 챌린지 동참

문경희 경기도의회 부의장(더민주, 남양주2)은 29일 '장애와 다양성 공감' 경기도민 챌린지에 동참했다.

제41회 장애인의 날(4.20)을 맞아 장애인을 불편하게 하는 문턱, 보도턱, 마음의 턱 등 3턱을 없애자는 릴레이 운동이다.

문경희 부의장은 "귀한 챌린지에 동참할 수 있는 기회를 주셔서 감사하다. 더불어 함께하는 세상, 장애인이 편하면 모두가 편하다. 우리는 모두 같은 인권을 가지고 태어난 동등한 존재"라며 공감 메시지를 전했다.

박정 민주당 경기도당 위원장 지목을 받은 문경희 부의장은 다음 참가자로 경기도의회 보건복지위원회 위원들을 지목해 '장애와 다양성 공감' 경기도민 챌린지 참여를 요청했다.

이달 15일부터 30일까지 계속되는 이 운동은 장애공감 인쇄물을 출력해, 잘 보이도록 사진을 찍어 공유하는 방식이다.

매일일보 | 2017. 05. 30

장애인 일자리 발굴과 맞춤형 취업서비스

경기도의회 보건복지위원회 문경희 위원장은 장애인들의 취업과 사회참여를 돕는 '2017 경기도 장애인 취업박람회'에 참석했다고 밝혔다.

경기도가 주최하고 경기도시각장애인복지관이 주관하는 이번 취업박람회는 장애유형과 특성에 맞는 업체와 구직 장애인 간의 일자리 매칭을 통해 장애인들의 안정적인 고용과 사회참여를 활성화하기 위해 마련됐으며, 그동안 경기도는 전국에서 가장 많은 장애인이 거주하고 있음에도 장애인의 취업이 저조하여 장애인 취업을 위한 정책, 제도적 필요성이 대두되어 왔다.

이에 경기도의회에서는 장애인들의 사회적 진출을 위해 지난 4월 '경기도 장애인고용촉진과 직업재활 지원 조례'를 개정하고 2015년 '경기도 사회적일자리 조례'를 전국 최초로 재정하는 등 장애인분들이 그 능력에 맞는 직업생활을 통해 인간다운 생활을 할 수 있도록 환경을 만들어 나가는 데 노력해 왔다.

문경희 위원장은 "장애인 취업박람회가 장애인들의 취업에 중요한 역할을 하게 될 것"이라며 기대감을 나타내고 "경기도의회가 지속적인 일자리 발굴과 장애인에 대한 맞춤형 취업서비스 제공을 위해 노력하겠다"고 강조했다.

경기매일 | 2017. 07. 24

장애인 돌봄 서비스와 자립 기회 제공

경기도의회 문경희 보건복지위원장(더불어민주당, 남양주2)은 24일 오후 4시 수원시 오목천동 누림센터 세미나실에서 열린 '장애인 자립지원 T/F 회의'에 참석했다. 이번 T/F회의는 자립의지가 있는 시설거주 장애인들에게 주택 및 돌봄 서비스 제공을 통해 자립생활 기회를 제공하기 위해 개최됐다. 이날 문경희 보건복지위원장은 인사말을 통해 장애인 탈시설화 및 자립생활 지원체계 구축 방안을 위해 모인 현장·학계 분야 관계자들에게 감사한 마음을 전하며, 경기도 탈시설 로드맵 5개년 계획 및 장애인 거주시설 법인운영 시설로의 전환 관련 적극적 회의가 진행되도록 독려했다.

문경희 위원장은 "당사자의 의견을 적극 반영하고 상대방의 의견을 존중하며 나아가는 것이 민주주의 방향이라고 생각한다"며 "오늘 T/F 회의뿐만 아니라, 지속적인 의견수렴 창구를 통해 의회와 집행부의 의견 조화를 통해 경기도 장애인복지정책을 실현해 나가겠다"고 밝혔다.

함께 만들어나가는 장애인 자립 지원 정책

경기도의회 보건복지위원회 문경희 의원(더민주, 남양주2)은 29일, 제 322회 임시회 제1차 본회의에서 의사진행 발언을 통해 장애인 탈시설 정책 및 법정개인시설 법인전환 기준 완화와 관련하여 "함께 만들어나가는 장애인 지원 정책"을 강조하였다.

문경희 의원은 도내 장애인 거주시설 대기자는 1,618명이고, 장애인 주간보호시설 대기자는 1,789명인 현실을 언급하며, 실제 중증 장애 자녀를 둔 부모의 입장에서는 거주시설서비스와 활동보조서비스 모두 필요로 하고 있는 실정임을 전했다.

또한, 경기도의 경우 개인법정시설은 지원예산에 있어 법인수준의 15%에 머물고 있어 법인시설과 개인시설에 거주하는 장애인들에 대한 서비스가 지원 예산 규모만큼이나 차이가 있다고 전하며, 장애인 거주시설에 거주하는 장애인들 간 차별이 심화되고 있는 현실을 외면한 채 탈시설만을 향해 갈 수만은 없다는 의견을 피력했다.

실제, 그동안 보건복지위원회(위원장 문경희)는 경기도와 함께 장애인 자립지원 TF를 구성하여 장애인 탈시설 등 자립 관련 정책과 개인운영 시설 법인전환 기준 완화 등 장애인 시설관련 정책을 투 트랙으로 추진하고 있는 중이고, 두 차례에 걸친 TF에 의한 결과, 장애인 법정개인시

설의 법인전환 기준 완화에 대하여 일부 단체를 제외하고 대다수의 단체가 찬성하고 있는 실정이다.

이에 문경희 의원(더민주, 남양주2)은 장애인복지의 최종목표는 탈시설화를 통한 진정한 자립과 지역사회로의 온전한 통합이라 전하며, 서로의 의견에 귀 기울이고 화합하여 장애인 지원에 대한 최선의 정책을 함께 만들어가야 함을 강조하고, 현실에 걸맞은 구체적인 대책과 함께 그 방법이 민주적이고 절차가 합법적이어야 함을 주장했다.

아울러, 도와 지속적으로 협의하여 중장기 장애인 탈시설 로드맵을 마련해 나갈 것임을 약속하고, 도지사에게 개인운영시설 법인전환 기준 완화에 대한 경기도의 입장을 명백하게 밝혀줄 것을 요청했다.

경인종합일보 | 2021. 06. 14

경기북부장애인가족지원센터 운영 지원

경기도의회 문경희 부의장(더민주, 남양주2)은 지난 11일 경기도의회 남양주상담소에서 경기북부장애인가족지원센터 담당자들과 센터 종사자 처우개선 등 운영 지원에 대해 논의하는 자리를 가졌다.

이 자리에서 문경희 부의장은 "다양한 복지정책들이 개발되고 있지만, 아직도 장애인과 그 가족에 대한 정책은 부족한 부분이 있다. 장애인과 그 가족이 건강한 삶을 누릴 수 있도록 복지서비스를 개발하고 지원하는 센터의 역할이 중요하다"면서 "센터 종사자들의 처우 개선을 통해 고용 안정성을 도모하여 센터의 역할을 다할 수 있도록 관련 기관과 함께 노력하겠다"고 밝혔다.

경기북부장애인가족지원센터 담당자는 "센터는 사회복지시설로 분류되지 않아 법적으로 근무 경력을 80%만 인정받는 등 사회복지 및 장애인복지기관에서 근무하는 종사자들에 비해 처우 및 근무환경이 열악한 상황이다. 이에 추가적인 지원과 센터 종사자의 처우개선을 통해 센터를 안정적으로 운영하여 장애인과 장애인 가족의 삶의 질 향상을 위한 전문적인 서비스를 제공할 수 있어야 한다"고 주장했다. 센터는 경기북부 10개 시·군 지역 내 장애인가족 복지서비스 제공 광역기관이다.

이뉴스투데이 | 2017. 06. 26

경기도의료원 무료이동진료 사업 격려

남양주시 대한노인회 화도읍 분회에서 의정부병원이 경기도 수탁사업으로 진행하고 있는 '경기도 찾아가는 어르신 건강관리 서비스' 무료이동진료가 진행됐다. 무료이동진료에는 남양주시 거주 어르신 63명을 대상으로 만성질환 검진, 내과 검진을 통한 건강상태 확인, 침 치료 등 한의과 검진을 통한 관절통, 기타 통증 관리 등 다각적인 건강관리 서비스가 제공돼 어르신들의 큰 호응을 받았다.

이 자리에 참석한 경기도의회 보건복지위원회 문경희 위원장(더민주, 남양주2)은 본 사업을 격려하고 참여 어르신들과의 소통의 시간을 보내면서 '경기도 찾아가는 어르신 건강관리 서비스' 무료이동진료 사업이 어르신들의 만성질환을 예방하고 초기치료를 통한 건강한 노후생활 보장을 도모할 수 있는 사업임을 강조하며 "앞으로도 남양주 어르신들을 비롯한 도내 어르신들의 건강관리 및 증진을 위해 지속적인 관심과 적극적인 지원이 이루어지도록 최선을 다하겠다"고 밝혔다.

한편 이동진료사업은 대상자가 병원에 직접 방문해야 하는 어려움을 해결하기 위해 건강관리가 필요한 지역의 어르신을 의료진이 직접 찾아가 건강상태를 확인하고 관리할 수 있도록 하는 의료서비스로 의료사각지대를 해소하는 데 한 걸음 더 다가서고 있다.

경인종합일보 | 2017. 10. 18

노인 성인식 개선사업 지원 조례안 발의

경기도의회 보건복지위원회 문경희 의원(더민주, 남양주2)이 대표 발의한 "경기도 노인 성인식 개선사업 지원 조례안"이 18일 제323회 임시회 제1차 보건복지위원회에서 통과되었다.

문경희 의원이 대표 발의한 조례안은 노인 성인식 개선사업을 지원하여 노인의 건강한 성문화 정착을 도모하고자 하는 것으로, 노인 성인식 개선사업 기본계획을 매년마다 수립·시행할 수 있게 하였으며, 성교육 및 성상담, 노인의 건강한 성문화 확산을 위한 지역사회 연계 및 홍보사업, 노인 성문화축제 개최 등 노인 성인식 개선을 위한 사업을 규정하고, 사업을 추진하는 시·군에 필요한 경비를 지원할 수 있게 하며, 경기도노인성인식개선센터를 설치할 수 있게 하는 등의 내용을 담고 있다.

문경희 의원은 지난 4년간 노인 성병 진료 환자가 30% 증가하는 등 노인의 성문화가 달라지고 있는 반면, 여전히 성에 대한 부정적 인식과 체면으로 성 상담을 받길 꺼리거나 성병 감염 뒤에도 관리가 어려운 현실과 노인의 성 지식을 개선할 수 있는 체계가 미흡한 실정을 지적했다.

또한, 노령 인구의 급증과 평균기대수명의 연장으로 노년기가 길어지고 있는 가운데 노인 성매매, 성범죄 등도 날로 증가하고 있고, 노인의 이성교제나 건강한 성생활은 노후의 삶을 만족시킬 수 있는 중요한 요소가 될 수 있기에 노인의 성에 대한 사회적인 관심과 다각적인 지원이 필요함을 강조했다.

문경희 의원은 현재 북부 10개 시·군을 중심으로 진행되고 있는 노인 성인식 개선 사업을 전체 시·군으로 확대하여 경기도 특화사업으로 활성화 하고, 성상담, 성교육 등을 통해 노인 성문제의 관리 사각지대를 해소하고, 어르신들께서 활기찬 노년을 향유할 수 있도록 관심과 지원을 지속할 것임을 전했다.

아시아투데이 | 2017. 10. 13

남양주노인전문병원 1일 명예병원장

경기도의회 보건복지위원회 문경희 위원장(더민주, 남양주2)은 13일 남양주 노인전문병원에서 1일 명예병원장 체험을 진행하며 병원을 찾는 지역주민들과 소통하는 시간을 가졌다.

문경희 위원장은 병원 측으로부터 명예병원장 임명장과 직원증을 수여받고 병원장 가운을 착용한 후 내원객 아침인사, 진료 안내, 환자 및 직원과의 만남, 병원 라운딩 등 하루 동안 병원장으로서 업무를 수행하며, 노인전문병원을 찾는 환자들의 아픔과 고충을 위로하고 병원 직원들을 격려했다.

또 노인전문병원 주 이용 대상인 노인분들을 위한 노인전문병원의 역할에 대한 적극적인 홍보를 병원 측에 당부했으며, 대한노인회 남양주시지회장·지역 분회장, 노인복지관 관장, 보건소장, 치매안심센터 관계자 등이 참석하는 간담회를 병원에서 개최해 노인전문병원 홍보 강화 및 활성화 방안에 대해 논의했다.

문경희 위원장은 "짧은 시간이지만 1일 병원장 체험을 통해 환자와 병원직원의 입장에서 이해하고 소통할 수 있는 의미 있는 시간이었으며, 이를 계기로 경기도 공공병원의 진료수준 향상 및 도민을 위한 맞춤형 보건의료서비스 제공을 위해 더욱 열심히 노력하겠다"고 밝혔다.

　　한편 경기도의회 보건복지위원회는 지난 10일부터 소속 의원들을
대상으로 경기도의료원 수원병원·안성병원 및 남양주노인전문병원 등
도내 공공병원 3곳에서 1일 명예병원장 체험 프로그램을 진행하고 있
다.

'경기도 노인실태조사와 미래사회 대응' 토론회

"경기도는 이제 첫 노인실태조사를 하였습니다. 이를 통하여 초고령화 사회를 준비하는 경기도 맞춤형 노인정책이 수립되길 바랍니다."

경기도의회 문경희 부의장(더민주, 남양주2)은 13일 '2021년 경기도 노인실태조사와 미래사회 대응' 제8차 복지정책커뮤니티 토론회에서 좌장으로 토론을 주재했다.

경기복지재단 김춘남 연구위원의 '2021년 경기도 노인실태조사'와 가천대학교 사회복지학과 유재언 교수의 '경기도 노인실태조사에 따른 미래사회 대응 방안' 주제발표에 이어 토론자로는 성균관대학교 사회복지학과 한창근 교수, 한국보건사회연구원 노인정책연구센터 이윤경 센터장, 건축공간연구원 고령친화정책연구센터 고영호 센터장, 중앙대학교 사회복지학부 김범중 교수가 참여했다.

이 토론회에서는 2시간 동안 2021년 경기도 노인실태조사 결과에 근거하여 경기도 노인복지가 앞으로 나아가야할 방향성과 비전에 대해 논의하는 의미 있는 시간을 가졌다.

발제자로 나선 김춘남 팀장은 경기도에서 처음으로 시도한 '2021년 경기도 노인실태조사 연구'에 대하여 발제를 하고, 유재언 교수는 앞서 발제한 노인실태조사를 해석하고 이에 대한 정책대안을 담은 '경기도 노인실태조사에 따른 미래사회 대응 방안'이라는 주제로 발표를 했다. 발제 후 토론에서는 경기도 노인실태조사의 지속가능성에 대한 당부와 조사에 기반하여 다양한 제언이 이어졌다.

한창근 교수는 경기도 노인실태조사가 2021년도 첫걸음을 내디딘 점을 높이 평가하면서 노인실태조사의 데이터를 어떻게 해석해야 하는가에 대하여 제언하였다. 이윤경 센터장은 노인 보건복지 인프라 재정비, 노인의 자립과 주체성에 대한 정책 발굴, 지역별 다양성을 고려한 추가적 정책 개발 등에 대하여 제언했다.

고영호 센터장은 경기도의 고령화율과 독거노인 가구 비율의 특이성 등을 이야기하면서 경기도 맞춤형 노인정책을 주문하였다. 김범중 교수는 경기도의 경우 대한민국의 축소판이라면서, 경기도형 시장형 일자리 사업단 추진, 장기요양서비스에서의 재가서비스 강화, 지역사회 재가복지서비스 자원 활용의 필요성 등에 대한 제언을 했다.

좌장으로 나선 문경희 경기도의회 부의장은 "이번 토론회로 경기도 노인실태조사가 처음 시작이 되었다는 점이 매우 중요하다"고 평하면서, 이날 나온 발제자 및 토론자의 의견을 바탕으로 노인실태조사에 따른 노인정책 수립에 대한 의회 차원의 지원과 지지를 약속하면서 토론회를 마무리했다.

경인종합일보 | 2017. 02. 22

요양보호사 처우개선 위한 의견 수렴

경기도의회 보건복지위원회 문경희 의원(더민주, 남양주2)의 대표 발의로 준비 중인 「경기도 장기요양요원 처우개선 조례안」에 대한 의견수렴 간담회가 22일 15시, 경기도의회 소회의실에서 개최되었다.

오늘 간담회에는 요양보호사를 비롯한 장기요양지원센터 및 요양원 관계자, 학계 전문가, 관계 공무원 등이 참석하여 조례안을 공유하고, 도내 장기요양요원의 권리보호, 지위향상, 근로조건 및 환경 개선 등을 도모하고, 노인 돌봄 서비스 질 향상을 위한 의견수렴의 시간을 가졌다.

문경희 의원(더민주, 남양주2)은 "인구 고령화로 인해 어르신 돌봄에 대한 사회적 역할과 책임이 강화되어야 할 것"을 강조하면서, "일선에서 돌봄 서비스를 수행하고 계시는 요양보호사 등 장기요양요원 분들의 열악한 근로조건과 환경이 개선될 수 있도록 도 차원의 제도를 공고히 하고자 본 조례안을 마련하게 되었다"고 전했다.

아울러, "오늘 간담회를 통해 제시된 다양한 의견들을 조례안에 잘 반영하여 장기요양요원분들의 처우개선에 실질적으로 도움이 될 수 있는 실효성 있는 제도를 구축하고, 이를 통해 복지 사각지대에 있는 장기요양요원들을 보호하고, 어르신들에게 제공되는 돌봄 서비스의 질을 향상시켜 도내 노인복지증진에 보탬이 되도록 노력할 것임"을 밝혔다.

경기매일 | 2017. 03. 21

장기요양요원 처우개선 조례안 대표발의

경기도의회 보건복지위원회 문경희 위원장(더민주, 남양주2, 사진)이 대표 발의한 '경기도 장기요양요원 처우개선 조례안'이 지난 20일 경기도의회 제317회 임시회 제1차 보건복지위원회에서 통과됐다.

문경희 위원장이 대표 발의한 조례안은 요양보호사, 간호조무사 등 도내 장기요양요원의 권리보호, 지위향상, 근로 조건 및 환경 개선 등을 도모하고 노인돌봄서비스 질을 제고하기 위해 마련됐다.

이 조례안에는 처우개선을 위한 도지사의 책무와 장기요양기관장의 책무는 물론 도지사로 하여금 처우개선 관련 세부시행계획을 3년마다 수립·시행하게 했으며, 처우개선 사업 등의 추진, 노동관계법령에서 정하는 권리의 보장, 장기요양요원지원센터의 설치·운영, 센터 운영위원회 설치·운영 등의 사항을 명시했다.

문경희 위원장은 "장기요양요원들은 열악한 처우 속에 업무 수행에 있어 각종 어려움을 겪고 있으며, 이로 인한 돌봄의 질 저하가 우려되지만 관계법령에서 구체적인 개선책이 미비한 실정"이라며 "경기도 차원에서라도 장기요양요원들의 처우개선을 위한 관련 제도를 보완하기 위해 본 조례안을 마련하게 됐다"고 전했다.

또한, 문경희 위원장은 "이번 조례안이 단초가 돼 어르신 돌봄에 대

한 사회적 역할과 책임을 강화하고 장기요양요원 분들의 열악한 근로조
건 및 환경 개선 등 처우개선에 보탬이 될 수 있도록 관심과 지원을 지
속하겠다"고 밝혔다.

경기도 장기요양요원 지원센터 개소식

문경희 경기도의회 부의장(더민주, 남양주2)은 지난 13일 "경기도장기요양요원지원센터 개소식"에 참석했다. 경기도사회서비스원은 어르신 돌봄에 종사하고 있는 요양요원들의 권익보호와 역량강화를 위하여 경기도장기요양요원지원센터를 설립하였다.

문경희 부의장은 "장기요양요원지원센터의 설치로 장기요양요원들에게 체감도 있는 권익증진 시책을 추진함으로써 노인장기요양기관의 질적 수준을 높이고 요양서비스를 받으시는 어르신들에게 좀 더 나은 서비스를 제공할 수 있도록 최선을 다하겠다"고 말했다. 또 문 부의장은 2017년 제정된 「경기도 장기요양요원 처우개선 조례」를 대표 발의했으며, 작년 행정사무감사에서는 장기요양요원 처우개선책 마련을 요구하며 장기요양요원지원센터 설치 시급성을 주장하기도 했다.

한편 이날 개소식에는 경기도의회 보건복지위원회 방재율 위원장, 이혜원 부위원장을 비롯해 김원기 의원, 이영봉 의원, 이병우 경기도 복지국장, 이화순 경기도사회서비스원장, 요양보호사 등이 함께했다.

대한뉴스 | 2017. 05. 12

간호조무사에게 시설장 자격 부여 법령 개정 촉구

최근 경기도의회 보건복지위원회 문경희 의원(더민주, 남양주2)이 대표 발의한 "노인장기요양보험제도 활성화를 위한 간호조무사 차별 철폐 촉구 건의안"이 오늘, 제319회 임시회 제1차 보건복지위원회에서 통과되었다.

문경희 의원(더민주, 남양주2)은 간호조무사가 「노인장기요양보험법」상 방문간호의 재가급여 업무를 하는 장기요양요원으로 간호사와 동일 업무를 수행하면서 노인장기요양보험제도에서 핵심 인력으로서의 역할을 감당하고 있음에도 불구하고, 「노인복지법 시행규칙」의 재가노인복지시설의 시설기준 및 직원배치기준에 의한 시설장 자격에서 배제되어 있어 이에 대한 차별적 요소를 철폐하기 위해 건의안을 준비하게 되었다고 밝혔다.

실제 일정 기준 또는 경력을 충족하면 시설장이 될 수 있는 사회복지사, 간호사, 요양보호사 등에 간호조무사들이 겪는 상대적 박탈감은 상당하고, 간호·간병통합서비스의 도입 등으로 간호 인력난이 심화되는 현실을 고려할 때, 노인장기요양보험제도 활성화 차원에서도 간호조무사에게도 시설장 자격을 부여해야 한다는 것이 문경희 의원의 주장이다.

아울러, 재가노인복지시설의 시설기준 및 직원배치 기준의 '직원의 자격기준'에도 간호조무사에 대한 규정이 명시되어 있지 않아 간호조무사를 자격기준에 포함시켜 제도를 명확히 하는 것이 필요하여 재가노인복지시설의 시설장 자격 및 직원의 자격기준에 간호조무사를 포함할 수 있도록 「노인복지법 시행규칙」 제29조 제1항 별표9(3. 직원의 자격기준)의 개정을 촉구하는 건의안을 제안하게 되었다고 전했다.

한편, 본 건의안은 오는 26일 경기도의회 제319회 임시회 제4차 본회의 심의를 거쳐 보건복지부로 전달될 예정이다.

서울신문 | 2020. 05. 08

코로나19 극복 위한 희망 릴레이 동참

경기도의회 건설교통위원회 문경희 도의원(더불어민주당, 남양주2)은 8일 '코로나19 극복을 위한 희망 릴레이 캠페인'에 동참했다.

안승남 구리시장의 지명을 받은 문경희 도의원은 "코로나19라는 초유의 상황에 맞서 고군분투하고 있는 국민들에게 희망의 메시지를 전할 수 있는 '희망 릴레이 캠페인'에 동참하여 기쁘다"고 말했다.

캠페인은 손글씨로 직접 응원글을 써서 사진을 찍고 SNS에 올린 뒤 다음 주자를 추천하는 릴레이 방식으로 진행된다.

문경희 도의원은 '빛나는 국민의식 으뜸 대한민국"이라는 응원 문구를 작성하여 희망의 메시지를 전달했다.

끝으로 문경희 도의원은 "코로나19로 인해 우리 또한 많은 어려움을 겪었으나, 매화는 추위의 고통을 이겨내고 맑은 향기를 낸다는 말이 있듯이 우리나라 국민들의 의식을 더욱 성숙하게 해주었으며 높은 국민의식을 바탕으로 한 슬기로운 대응은 세계적인 모범 사례가 되었다"고 말했다.

캠페인을 마친 문경희 도의원은 다음 주자로 경기도의회 이은주 제10대 1기 예결위원장, 박옥분 여성가족평생교육위원장, 김직란 건설교통위원을 지명했다.

경기도의회
Gyeonggido Assembly

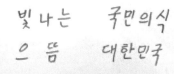

빛나는 국민의식
으 뜸 대한민국

경기도의회 의원 문경희

보건의료인력 처우개선 위한 근거 마련해

경기도의회 보건복지위원회 문경희 의원이 발의한 '경기도 보건의료 인력 지원 조례안'이 3일 제346회 임시회 제2차 보건복지위원회 회의를 통과했다.

문경희 의원은 열악한 근무환경에서 일하고 있는 보건의료인력을 지원해 보건의료인력의 수급 개선과 복리증진을 도모하겠다는 취지로 이번 조례안을 준비한 것으로 알려졌다.

실제로 과도한 야간근무, 초과근무, 교대근무 등 보건의료인력이 처한 근무환경은 꾸준히 문제로 제기되어 왔으며 최근 코로나-19 바이러스 확산으로 인해 이러한 문제점들이 더욱 심각해진 상황이다.

2019년 보건의료노조가 발표한 실태조사에 따르면, 보건의료노동자들의 50.5%가 "업무량이 근무시간 내에 수행할 수 없을 정도로 과다하다"고 답변한 바 있다.

또한, 전국보건의료산업노동조합은 8월 13일 열린 기자회견에서 "전체적인 인력 부족의 영향으로 현장에서 보건의료노동자들이 체감하는 노동 강도가 강해지고 이직률도 높아지고 있다"고 밝히는 등 열악한 근무환경과 인력 수급 문제에 대한 현장의 목소리가 나오고 있는 상황이다.

문경희 의원이 발의한 제정안은 '보건의료인력지원법'에 따른 종합계획에 대한 시행계획을 수립하고 보건의료인력 수급 개선 사업과 복지향상 사업에 대해 규정하는 것이 주요 골자이다.

문경희 의원은 "국가 차원에서 보건의료인력을 지원하는 것과 함께 지자체에서도 지원 방안을 고민해야 할 때"며 "보건의료인력이 처한 열악한 근무환경을 개선해야 한다는 필요성에 대해 그 어느 때보다 많은 이들이 공감하고 있는 만큼 이제는 경기도 차원의 대책이 마련되어야 한다"고 밝혔다.

아시아타임즈 | 2021. 11. 11

"경기도에 걸맞은 의료공공 시스템 마련해야"

경기도의회 보건복지위원회는 경기도의료원 행감에서 공공병원과 의료인력 확대 필요성을 강조했다.

의원들은 지난해부터 지속된 코로나19 팬데믹 상황에서 경기도의료원이 방역의 최전선에서 노고가 많았다는 격려와 함께 의료인력 부족으로 인한 과부하를 우려했다.

문경희 부의장은 "위드 코로나 시대, 보건의료인력 확충이 필요한 시점에 경기도의료원이 정원 대비 200여 명 인력이 충원되지 않고 있다는 것은 업무공백과 경기도민 안전에 취약성이 드러난 것"이라며 "코로나라는 전시상황에 평상시 시스템이 아닌 선제적으로 인원을 충원해야 한다"고 강조했다.

이에 정일용 원장은 "6개 병원마다 의료인력 과부하가 큰 상황에서 재택치료 등 업무는 증가하고 있으나 간호사들의 퇴직으로 인한 공백이 크다"면서도 코로나 종식 이후의 효율적 경영을 위해 정원확보에 보수적으로 대응 중이라는 입장을 밝혔다.

문경희 부의장은 "공공병원의 공공성으로 코로나 방역이 지켜지는 상황에서 도민의 생명과 안전, 인간의 기본권 보장 차원에서 특정 인력의 희생만 담보할 수 없다"며 "전국민적으로 공공의료에 대한 공감대가 형성된 이 때 공공의료원 신설 등 1380만 인구에 걸맞은 의료의 공공성을 강화할 수 있는 시스템을 추진해달라"고 요청했다.

동두천이 지역구인 유광혁 의원도 "경기북부 공공의료는 불균형 아닌 불평등"이라며 경기북부 공공의료원 신설 필요성을 강조했다.

경기북부 공공의료원 신설에 대해 정일용 원장은 "먼저 광역자치단체장(도지사)의 의지가 우선돼야 한다"며 쉽지 않은 일이나 도의원들이 의견을 모아 우선순위를 정해 한 지역을 지정해준다면 의회의 전폭적 지지와 협력 속에 가능성을 찾아보겠다는 입장이다.

이에 유광혁 의원은 "의료원 측에서도 이를 공론화하는 노력을 하면서 함께 해결 방안을 찾아야 한다"고 당부했다.

경기매일 | 2017. 04. 26

사회복지사 처우개선에 이바지, 사회복지대상 수상

경기도의회 보건복지위원회 문경희 위원장(더민주, 남양주2)은 지난 25일 제11회 사회복지사의 날(3월30일)을 맞아 경기도사회복지사협회에서 개최한 '제13회 경기도사회복지사대회'에 참석했다.

우수사회복지사에 대한 격려와 사기 진작을 위한 이번 행사에서 문경희 위원장은 사회복지사를 위한 조례제정 및 정책수립 등 처우개선 향상에 이바지한 공로로 사회복지대상을 받았다.

문경희 위원장은 사회복지사들이 만족감과 자긍심을 갖고 지속적으로 근무할 수 있도록 사회복지사들의 처우개선을 위한 지원 및 제도 마련에 최선을 다해 왔다.

문경희 보건복지위원장은 "보이지 않는 곳에서 소외계층을 위해 열심히 일하는 사회복지사들이 겪고 있는 어려움을 해소할 수 있도록 앞으로 적극 노력하겠다"고 소감을 밝혔다. 또한, "경기도의 사회복지사를 위한 정책 마련에 최선을 다하겠다"고 말했다.

중도일보 | 2021. 04. 08

경기도 사회복지협의회 감사패

경기도의회 문경희 부의장(더민주, 남양주2)은 8일 경기도사회복지협의회(회장 강기태)로부터 감사패를 받았다.

문경희 부의장은 열정적인 의정활동을 통해 도민의 삶의 질 향상과 경기도 사회복지 발전을 위해 헌신하고 특히 사회복지 종사자들의 권익 증진과 처우 개선을 통해 사회복지협의회 발전에 기여한 공적을 인정받았다.

문경희 부의장은 "감사패를 주신 경기도사회복지협의회에 깊이 감사를 드린다"며 "코로나19로 인해 더욱 힘들어진 조건 속에서도 지역 취약계층의 복지 향상을 위해 애쓰는 노고를 잊지 않고 지역사회 복지발전과 소외계층에 대한 새로운 정책을 발굴하고 지원에 노력을 아끼지 않겠다"고 전했다.

오늘 감사패 전달식에는 경기도사회복지협의회 강기태 회장을 비롯해 안양시 사회복지협의회 김재훈 회장, 양주시 사회복지협의회 황산 회장, 남양주시 사회복지협의회 정현철 회장 등이 함께했다.

비전 3 | 생활

"주거, 교통, 문화, 예술 그리고 삶"

주거

사람들은 우리들의 살아가는 문제를 의·식·주로 나누어 이야기합니다. 삶을 사람답게 살아가기 위해서 이 세 가지 의복, 먹거리, 그리고 주거가 가장 기본이 되는 까닭일 것입니다. 요즘같이 모든 것이 현대화되어 대량 생산을 할 수 있는 사회에서 먹거리(식)와 의복의 문제(의)를 해결하는 것은 그다지 어려운 문제가 아닙니다. 가장 해결하기 힘든 큰 난제로 떠오르는 이슈는 늘 주택(주거)의 문제입니다.

주택정책은 제대로, 적시에 세우기도 쉽지 않고 또 세웠다 해도 시장의 논리와 상충되면 오히려 역작용이 발생해 더 어려워지기도 합니다. 최근 우리 사회가 주택가격 상승으로 다양한 어려움을 겪고 있는 것도 이런 이유에서일 것입니다.

저는 기본적으로 부동산의 문제는 부동산의 사적인 가치도 중요하지만 사회적 약자를 위해서는 공적인 가치에 좀 더 역점을 두는 정책을 펼쳐야 한다고 생각합니다. 그래서 관심을 가지는 두 분야가 있는데, 하나는 우리당 이재명 대선 후보의 역점 정책이기도 한 '기본주택' 정책을 포함한 부동산 정책이며, 다른 하나는 '사회주택' 정책입니다.

　이 두 가지는 서로 비슷한 내용이 많아 보입니다. 이재명 후보의 부동산 정책은 관심 있는 분들이라면 책자를 통해서, 또 언론을 통해서 여러 번 접해보아 잘 아실 만합니다만 누구나 그 내용을 알기 쉽게 간략히 정리를 해보고자 합니다.

• 공급정책(기본주택)

- 무주택자에 30년 장기임대주택 100만 가구 공급

- 월 60만 원에 33평 역세권 아파트 임기 내 전국 250만 가구 공급(공공)

• 규제정책

- 국토 보유세 부과

- 비 필수 부동산 대출 만기연장 제한

- 주택도시부, 부동산 감시원 등 부동산 전담기구 설치

- 장기 임대주택 일괄 관리를 위한 전담기관 도입

• 불로소득 환수관련

- 건설, 분양 원가 공개

- 개발이익 완전 국민 환원제

• 공직자 관리 관련

- 부동산 백지 신탁제

- 비 필수 부동산 소유자의 고위직 임용, 승진 제한

이러한 정책이 주요 핵심 내용입니다.

즉, 국가주도형 혹은 지자체 주도형의 주택정책입니다. 그리고 꼭 무주택자이거나 저소득층만을 위한 정책도 아니며 전체 국민을 대상으로 하고 있고, 주택을 소유가 아닌 거주를 위해 필요한 것으로 바라보는 시각을 나타낸 정책입니다. 더 이상 부동산을 통해 얻은 부당이익과 불로소득은 국가가 허용하지 않겠다는 의지가 담긴 정책인 것입니다. 개인적으로 국토가 좁은 우리나라에 적합한 좋은 정책이라고 생각합니다.

두 번째로 관심을 갖고 있는 '사회주택' 분야입니다. 포털을 검색해보면 사회주택이란 '정부나 공공 기관에서 복지정책의 일환으로 시세보다 낮은 임대료로 제공하는 공공주택의 일종'이라고 정의하고 있습니다. 이렇게 본다면 사회주택이라 함은 거의 정부주도형의 임대아파트라 생각하기 쉽습니다. 그런데 우리 남양주시 별내 지역에 위치한 협동조합형 민간 임대주택인 '위스테이' 아파트는 조금 다른 사회주택형 모델입니다.

저는 지역 경제도 살리고 마을 공동체 사이에 네트워크를 형성해나가는 이런 위스테이 아파트 같은 협동조합형 임대주택이야말로 신선하고 새로운 모델의 사회주택이라고 생각합니다. 아파트라는 공동체가 입주민들에게 단절된 공동체가 아니라 입주민들 주도로 협동조합을 구성하여 마을 공동체 네트워크를 구축하며 교육과 보육, 그리고 먹거리 마켓 등을 함께 꾸려가는 것입니다. 그 결과 일자리도 창출해내는 새로운 형태의 협동조합형 주택 설립을 위한 시도는 충분히 할 만한 가치가 있는 사회주택사업이라 생각합니다.

　그리고 국가가 시행하는 임대아파트제도와 민간분양 임대아파트 또한 사회주택이라 할 수 있습니다. 이는 주로 저소득층의 주거 안정을 위해 소형 평수를 지어 임대방식으로 거주할 수 있게 함으로써 주거의 안정을 꾀하는 것으로 우리사회에서 가장 널리 알려진 사회주택제도라 할 수 있습니다.

　그런데 소득수준, 생활수준 등이 다른 세대에 비해 상대적으로 낮은 청년세대들에게는 이 임대주택에서도 특별한 사회배려 대상이 되지 못하므로 저는 청년들의 주거실태를 파악하고 그들의 주거안정을 위한 정책이 별도로 마련되어야 한다고 생각하고 '청년 주거 안정지원조례'를 대표 발의했습니다. 왜냐하면 청년들에게 있어서 주거의 문제는 단순히 살 집의 문제만이 아니라 그들의 주거불안정이 결혼 기피, 저출산으로 이어지게 되는 연속적인 문제이기 때문입니다. 주거문제를 해결하기 위해 영끌('영혼까지 끌어 모으다')로 돈을 모아 부동산에 투자하는 것이 청년들은 물론 대다수 국민들의 생각이라고 볼 때, 과연 우리 사회가 건강한 사회인가 싶은 회의감이 들기도 합니다. 시장의 논리에만 내버려두지 말고 국가가 또는 지자체가 적극적으로 주거문제에 개입해야 하는 이유입니다.

　이제 부동산은 개인이 소유하는 사유재산으로서의 가치를 넘어서 사회적 공공재로 인식되어야 합니다. 현 세대가 잘 사용하고 난 후 후손에게 온전한 형태로 물려주어야 하는 것이라는 인식의 전환이 필요합니다. 즉, 우리 세대가 거주의 목적으로 잠시 임대해서 사용하는 것이 주택이라는 개념이어야 할 것입니다. 물론 자본주의 사회에서 사유재산

제도를 부정할 수는 없겠지만 주택이나 토지가 아닌, 예를 들면 좋은 회사의 주식 같은 것을 더 많이 소유하고, 다른 경제활동으로 사유재산을 넓혀가기를 권해드리고 싶습니다.

돔 헬더 카마라의 말이 떠오릅니다.

"한 사람이 꿈을 꾸면 그것은 그저 꿈입니다. 그러나 세 사람 이상 아니 우리 모두가 함께 같은 꿈을 꾼다면 그 꿈은 현실이 될 것입니다."

교통

요즘은 '교통도 복지다'라는 말을 많이 합니다. 9대 도의원이었을 때 남경필 당시 도지사가 자신은 남경필이 아니라 북경필이 되어 경기북부 지역의 교통인프라 확충을 위해 최선을 다하겠다고 했던 말에 무척 기뻐했던 기억이 있습니다. 경기남부 지역보다 교통인프라가 덜 구축된 남양주시를 포함한 경기북부 지역은 그만큼 도로 시설 등 교통인프라 확충이 주민들의 삶의 질 향상에 필수적이라고 생각했기 때문입니다.

사회가 복잡해지고 인구가 과밀해질수록 교통문제는 늘 함께 수반되는 문제입니다. 통상 신도시가 계획되거나 대규모 공동주택이 건립될 예정이면 '선교통 후주택' 이렇게 진행되어야 하는 것이 마땅하나 우리 사회는 늘 집을 먼저 지어놓고 교통문제를 그 다음 후순위로 해결해왔기 때문입니다. 지금 우리 남양주시 역시 다산신도시 지역의 교통체증이 채 가시지도 않은 상황입니다만 정부의 3기 신도시 정책이 이루어지고 있지요. 대신 이번 3기 신도시정책을 추진하면서는 똑같은 교통난을 겪지 않기 위해 남양주시를 비롯하여 해당 지자체들이 선제적으로 많은 교통 인프라를 구축하기 위해 노력하고 있습니다. 그나마 다행한 일입니다.

저는 건설교통위원으로 일하던 10대 도의회에서 '대중교통의 공공성 강화 포럼'이라는 연구단체를 설립하고 동 연구단체의 회장으로서 관련 세미나를 개최하는 등 대중교통의 공공성을 강화하기 위한 활동을 해왔습니다. 버스나 전철 등은 서민들의 삶에서 없어서는 안 되는 필수 공공재의 성격을 띠는 교통수단이기 때문입니다. 또한 경기도 교통국과 버스, 택시, 전철, 경전철등 경기도 전체의 교통문제를 다루어 왔습니다.

또, 저는 2018년 하반기부터 2019년 상반기까지 '수도권 교통본부 조합회의'(이후 수도권 교통본부)의장을 맡아 일한 적이 있습니다. 수도권교통본부는 2005년 2월, 수도권 3개 시·도(서울시, 경기도, 인천시)가 공동으로 설립한 조합으로서 수도권의 광역교통문제를 해결하기 위해 많은 노력을 기울여 왔습니다. 그러나 법적 권한 부족, 예산 확보 미흡 등의 한계에 부딪혀 설립 취지에 부합하는 역할을 충분히 해내지 못해 해산 절차를 거치게 되었습니다.

저는 수도권교통본부의 여러 업무를 당시 출범했던 국토교통부 산하 '대도시권 광역 교통위원회'(이후 대광위로 표기) 최기주 위원장에게 인수인계하게 되었습니다. 광역교통문제를 해결하기 위해서는 좀 더 많은 법적 권한을 가지고 능동적으로 일할 수 있도록 설립된 기관이 필요했기 때문이었습니다. 그렇지만 수도권 3개 시·도가 자발적으로 설립한 '수도권 교통본부'가 꼭 해산되어야 했을까 라는 의문이 생길 수도 있어서 이유를 좀 더 상세히 말씀드리겠습니다.

우선 수도권 교통 불편 해소를 위해 꼭 필요한 사업을 추진하려해도 지자체간 정책이견이 생기면 사업이 지연되거나 무산되는 경우가 많았습니다. 즉, 지방자치단체 단체장 간 업무협약이 잘 이루어져야 사업이 추진될 수 있다는 말씀을 드리고 싶습니다. 이 역시 지방자치단체 단체장의 '정치력', 즉 '업무협상능력'이 요구되는 일입니다. 각각 자신의 지자체에 가장 유리한 입장에서 업무를 바라보다보니 일이 추진되기보다는 평행선에 있기가 쉬웠던 거죠. 결국 상부의 힘 있는 새로운 조직이 설립되고 그 조직의 중재나 결정에 따르도록 된 것입니다.

개인적으로는 제가 의장으로 있을 때 수도권교통본부 해단과 업무 인수인계 협약식을 한 터라 '수도권 교통본부가 없어지게 되는 것'에 한 편으로는 아쉬웠고, 다른 한편으로는 원활한 광역교통체계 확충을 위해서 더 잘 되었다 싶었습니다. '수도권 교통본부' 의장으로, '경기도의회 건설교통위원'으로, '대중교통의 공공성 강화 포럼' 회장으로 교통문제를 다루어 온 경험으로 '행복주택 사업', '보행환경 개선을 위한 조례 제정', '100억 미만 공사 표준시장 단가 적용 공론화', 우리 지역 '강변북로 교통체증 해결을 위한 방안 마련' 등을 위해 일해 왔습니다. 이런 저의 다양한 경험들이 우리 시의 발전을 위한 작은 쓰임이 되었으면 합니다. 이 모든 경험들은 우리 지역 주민들께서 저를 선택해주시지 않았다면 할 수 없었던 소중한 경험들이기 때문입니다.

문화, 예술, 그리고 삶

문화·예술 정책을 논할 때는 기본 원칙이 있습니다. '지원은 하되

간섭은 하지 말아야 한다.'라는 원칙입니다. 제가 살고 있는 남양주시에는 아름다운 자연환경이 있고, 곳곳에 역사·문화 유적지가 있으며, 문화예술인들이 많이 살고 있습니다. 문화·예술 진흥을 위한 세 박자가 두루 갖추어져 있다는 말씀을 드리고 싶어서 꺼내는 얘기입니다.

그런데 중요한 한 가지가 빠져 있습니다. 72만 인구의 문화생활 향상을 위한 시스템이 제대로 가동되지 못하고 있습니다. 우리 경기도에는 문화재단이 있습니다. 경기도의 문화·예술을 꽃피우고 경기도 지역 문화자원들을 발굴하며, 문화예술인들의 창작지원을 위해 마련된 기관입니다. 그런데 우리 남양주시에는 문화원은 존재하나 그 기능을 수행할 인력과 예산지원이 제대로 이루어지지 않는 것 같습니다. 안타까운 일이지만 때로는 남양주시가 문화의 불모지 같다는 생각도 듭니다.

이런 생각을 갖고 있던 차에, 우리 지역 대표 축제였던 '남양주 세계 공연야외축제'를 기획했던 양정순 님과의 우연한 만남이 있었습니다. 마침 좋은 기회라 생각해 남양주시 문화예술 진흥을 위한 구체적인 정책에 대해 생각을 나누었습니다. 그분은 크게 두 가지를 제안해 주었고, 저 역시 상당한 공감이 가는 내용이었습니다. 제가 들었던 그분의 생생한 생각들을 정리해서 옮겨보고자 합니다.

"남양주는 그린벨트, 상수도보호구역, 군사보호지역 등 제약이 많은 공간입니다. 하지만 이와 동시에 자연환경과 역사문화유산이 많이 있는 도시입니다. '제약이 많아 개발할 수가 없다'가 아니라 '제약을 적극적으로 받아들여 새로운 발전모델을 만들자'로 '크게 발상을 전환해보자, 발상을 전환하면 길이 보인다'라고 늘 생각해 왔습니다.

남양주 세계야외공연축제는 그런 고민 속에서 만들었던 축제입니다. 하늘이 선물한 북한강변이란 자연에 수준 높은 예술을 더한 것. 다산유적지, 수종사 등 역사문화유적에 독특하고 멋진 예술을 더한 것. 그 덕분에 자연과 역사를 새롭게 볼 수 있는 축제를 만들어 시민들을 설레고 행복하게 만들었던 축제라고 본인은 감히 말씀드립니다.

멋진 예술축제는 시민들에게는 행복과 함께 그 도시에 살고 있다는 자긍심을 갖게 하고, 브랜드가 되어 한국을 넘어 전 세계에 그 도시를 알리게 됩니다. 영국의 에든버러가 그랬고, 프랑스의 아비뇽이, 샬롱, 오리악, 그리고 오스트리아 잘츠부르크가 그렇듯이 말입니다. 그 유명한 축제들은 모두 폐허가 된 도시의 암울한 국민정서를 극복하고 도시에 활력을 만들어주고자 시작된 예술축제들입니다. 물론 그곳에는 늘 새로운 것을 꿈꾸고 변화를 만들어내는 예술가들이 있었습니다. 그런 살아 있는 축제를 우리 남양주시도 기획하고 만들어 갔으면 좋겠습니다." _양정순 님의 제안·1

"문화도시라고 일컫는 도시엔 그 지역에서 활발하게 활동하는 예술가들이 많이 있습니다. 보통의 지역에는 공연장, 미술관, 박물관, 문화재단, 도시재생 등 예술 활동을 할 수 있는 여러 공간이 있으며 그 공간을 활용한 예술행위들이 지속적이고 끊임없이 다양하게 일어납니다.

도시가 활력을 갖는 데 지역 문화예술인은 가장 중요한 요인 중 하나입니다. 특히 시장을 할 사람이 도시의 비전을 문화도시로 만들고, 디자인하고 실행하는 주체로 문화예술인의 중요성을 인지할 수 있을 때, 그 도시는 문화도시가 될 수 있는 가능성이 가장 높으며, 이미 많은 도시에서 문화예술인을 정책 파트너와 실행의 파트너로 적극 활용하여 큰 성과를 올린 사례가 차고도 넘칩니다.

남양주엔 지금 문화예술 전문가가 많습니다. 다양한 장르에 특출한 예술가, 전국적인 명망가들도 많이 있습니다. 그리고 지역을 위해 바닥에서부터 시민들과 함께 일할 수 있는 문화예술인들도 많이 있습니다. 이들의 귀함을 알고 이들과 함께 '문화도시 남양주'를 꿈꾸는 사람이 시장이 되면 좋겠습니다.

내가 살고 싶은 문화도시는 지역의 문화예술인들이 지역 안에서 활동하고 시민들과 함께 행복했으면 좋겠습니다." _양정순 님의 제안·2

글의 서두에서 말씀드린 문화예술에 대한 저의 생각과 일치하고, 누가 우리 지역을 이끌어 갈 사람이 되더라도 이런 생각을 가졌으면 하는 마음에서 남깁니다.

"예술의 창조는 욕구를 충족하는 것이 아니라 욕구를 창조해 내는 것이다. 베토벤이 5번 교향곡을 창조해 내기 전까지는 세상은 이를 필요로 한 적이 없었다. 하지만 이제 우리는 5번 교향곡 없이는 살 수 없게 되었다." _루이스 칸

발로 뛰는 지역민원 해결

경기도의회 교육위원회 문경희 의원이 지난 16일 지역현안에 대해 협조와 지원을 구하기 위해 남경필 경기도지사를 만나 지역문제 해결을 위한 간담회를 가졌다고 경기도의회가 전했다.

이날 간담회에는 문경희 의원을 비롯해 김용완 화도읍 이장협의회장 등 지역 주민 5명이 참석하였으며, 지역 주민들의 고충을 담은 질의와 관계자의 답변으로 2시간에 걸쳐 면담이 이뤄졌다. 이 자리에서 문경희 의원은 ▲화도읍을 관통하는 제2외곽순환고속도로가 정작 지역 주민들은 이용할 수 없어 월산 IC를 설치해 이용할 수 있도록 해줄 것과 ▲경기도 예산부족으로 공사가 지연되고 있는 387번 국지도(화도~수동) 공사가 빠른 시일 내에 착공될 수 있도록 예산을 확보해 줄 것 ▲남양주시 가곡리 일대에 추진 중인 "야생동물생태공원조성"계획이 새로운 전염병의 보고가 될 수 있음을 들어 철회해 줄 것을 남경필 도지사에게 건의했다.

주민의 고충을 전해들은 남경필 도지사는 "문제 해결을 위해 노력하겠다"고 약속했으며, "월산 IC 설치 문제는 국토교통부가 주도적으로 추진하는 사항이니만큼 국토교통부 장관을 만나서라도 문제해결을 위해 나서겠다."는 강한 의지를 표명했다.

남경필 경기도지사와 지역현안 문제 해결을 위한 간담회(경기도지사실, 2016. 03. 16)

경인종합일보 | 2021. 10. 11

경기도 자연휴양림 관리 및 운영 조례

"남양주시민은 축령산자연휴양림을 입장료 없이 이용하여야 합니다."

경기도의회 문경희 의원(보건복지위, 더민주, 남양주2)이 대표 발의한 「경기도 자연휴양림 관리 및 운영 조례 일부개정조례안」이 지난 7일, 제355회 경기도의회 임시회 제1차 농정해양위원회에서 통과됐다. 이 일부 개정 조례안은 자연휴양림 관리 및 운영 조례에 남양주시민의 경기도 축령산자연휴양림에 대한 입장료를 반드시 면제하도록 규정하여, 남양주시민의 삼림복지 증진 및 이용활성화를 위하여 제안하게 됐다.

문경희 의원은 "남양주시민에게 축령산자연휴양림 입장료를 면제하여 이용활성화 및 삶의 질 증진을 위하여 개정을 추진하였다"면서, "이를 통하여 12일 경기도의회 본회의 통과 후 공포되면, 늦어도 11월부터는 남양주시민이면 누구나 무료로 축령산자연휴양림을 이용할 수 있고, 이를 통하여 남양주시민의 삶이 질이 향상될 것이기에 기쁘다"고 말했다.

청년 주거안정 지원 조례안

"현재 주거빈곤 청년층의 확대와 이러한 청년층의 주거빈곤은 단순히 주거문제에 국한되는 것이 아닌, 결혼·출산 등의 인구정책 문제로까지 직결되는 등 미래의 발전 동력 확보와 밀접하게 연결되어 있습니다. 따라서 청년주거 지원은 주거지원 그 이상의 의미를 가지고 있습니다."

문경희 경기도의회 부의장(더민주, 남양주2)이 대표 발의한 '경기도 청년 주거안정 지원 조례안'이 지난 15일, 경기도의회 보건복지위원회에서 통과됐다.

문경희 부의장은 "최근 부동산 가격의 급속한 상승 등으로 인하여 부동산 구매 등이 현실적으로 어려운 상황이나, 임대주택 분양 등에서도 다른 사회배려계층에 비하여 우선권을 보장받지 못하고 있는 현재 청년 세대의 주거의 문제가 점점 심각해지고 있다. 조례의 제정을 위한 토론회에서도 현재의 주택시장을 분석하면서, 청년 세대가 자가 보유를 할 수도 없을 뿐만 아니라 공공임대주택의 한계로 비싼 민간임대주택으로 내몰리는 구조적인 문제와 도심이 아닌 지역에 거주하는 청년도 주거의 문제에 직면하고 있음이 지적되었다."고 하였다.

이러한 청년 주거 빈곤의 심각함으로 인하여 이러한 청년 주거안정 지원을 위한 조례의 제정이 의미가 매우 크다고 강조하였다. 이어 "청년

주거 빈곤은 결혼이나 출산에 대한 기피까지 직결되기에 청년주거 안정 지원은 현재 우리가 직면하고 있는 초저출산 극복과도 밀접한 관련을 가지고 있다."고 덧붙였다.

문경희 부의장이 대표 발의한 '경기도 청년 주거안정 지원 조례안'은 청년주거 관련 계획 수립, 청년 주거 실태조사 및 청년주거기준, 청년 주거 지원 사업, 청년 주거 지원 사업에 대한 비영리 단체 또는 기관에 보조금 지급 근거를 주된 내용으로 담고 있다.

3기 신도시와 연계한 경기도 주거정책 토론회

"많은 국민의 주거안정을 위하여, 3기 신도시 정책과 경기도 주거정 책 간의 긴밀한 연계가 필요합니다"

문경희 경기도의회 부의장(더민주, 남양주2)은 29일 '3기 신도시와 연계한 바람직한 경기도 주거정책 토론회' 좌장으로 참석했다.

발제자로 나선 임재만 세종대학교 교수는 경기도 기본주택 정책이 라는 주제로 발표했다. 임 교수는 보편적인 권리로서의 주거권과 우리나 라의 주거권 보장의 수준을 말하면서, 주거권 실현을 위해 공공부문의 역할이 강화될 필요가 있으며 현재 우리의 공공임대주택의 문제점을 이 야기했다. 그러면서 이러한 우리의 취약한 주거권 강화를 위하여 시도되 고 있는 기본주택에 대한 사항과 이러한 기본주택 도입과 관련하여 고 려되어야 할 사항에 대해서도 자세히 발제했다. 그리고 분양주택 가격 상승의 원인이 토지 가격과 밀접하게 관련이 있고 그러한 토지 가격 상 승의 문제 해결을 위하여 시도되고 있는 분양형 기본주택과 그러한 분 양형 기본주택이 성공하기 위하여 필요한 조건에 대하여 제시했다.

최민아 LH 토지주택연구원 박사는 포스트코로나 시대 주거 정책 방향을 선진 사례를 중심으로 발제하였다. 특히, 코로나 팬데믹 이후의 프랑스를 비롯한 유럽의 주택정책의 동향을 소개했다. 그리고 코로나 팬데믹 이후에 우리도 공동체주택, 사회주택, 토지임대부, 공동체토지신탁 등 새로운 도시주거 정책이 시도되고 있으며, 이런 시도가 나름의 중요한 의미를 가지고 있음을 이야기했다. 우리 사회의 지속가능성을 담보하기 위해서는 의식주 중에서 현재 모든 국민의 체감상 주거의 문제에 대한 해결이 가장 중요하다는 점을 강조했다.

토론자로 나선 문영록 한국사회주택협회 상임이사는 3기 신도시 내 사회주택 확산 전략이라는 주제로 토론하였다. 문영록 이사는 기후위기를 극복하는 그린뉴딜 에너지혁신의 3기 신도시로 연결 포용·전환 도시에 대하여 주로 이야기했다. 이러한 3기 신도시 그린뉴딜과 사회주택 특화단지를 위한 사업구조 및 택지 활용 방안에 대하여 제시했다. 그리고 이상우 위스테이별내사회적협동조합 상임이사는 미래형 마을 공동체와 지역사회 복지 확대라는 주제로 토론했다. 현재 살기 좋은 조건으로 이야기되고 있는 교통, 학군 등에 대하여 사회운동가적인 관점에서 설명했다. 지역 교육 거버넌스를 통한 교육자치 실현, 학교와 마을의 교육협력을 통한 혁신교육생태계 강화 등을 통한 새로운 개념의 좋은 학군을 이야기하였고 도시 내에서의 자족적인 돌봄에 대해서도 실제 위스테이별내의 사례를 통하여 제시했다.

또한, 이승원 서울대 아시아도시사회센터 박사는 도시 커먼스commons 기반 미래도시 구상이라는 주제로 토론하였다. 커먼스는 공동체 유지의 필수자원을 의미하며, 이러한 공동자원을 어떻게 생산, 분배, 관리하는가에 따라 공동체가 형성되고 이 공동체의 법적, 윤리적, 문화적 규범과 제도가 형성된다고 했다. 그러면서 전통적인 공동체와 다른 도시의 커먼스의 다양한 모델에 대하여 제시했다.

　　좌장으로 나선 문경희 경기도의회 부의장은 "이번 토론회에서 3기 신도시의 성공적인 정착과 전국 최대 지방자치단체인 경기도 주거정책의 성공은 우리 국민의 주거안정을 위하여 매우 중요하다"고 평하면서, "오늘 나온 발제자 및 토론자의 의견을 경기도 조례 및 경기도정에 적극적으로 반영하겠다"는 것을 약속하면서 토론회를 마무리했다.

수도권교통본부 해산 의결

15년 동안 수도권 광역교통문제를 다뤄왔던 수도권교통본부가 해산 절차를 밟게 된다. 수도권교통본부 조합회의(의장 문경희)는 19일 수도권 교통본부에서 제67회 임시회를 열고 조합 해산결의안을 의결했다.

수도권교통본부 해산은 대도시권 광역교통문제를 전담하는 대도시 권광역교통위원회(대광위)가 3월 19일 출범한 데 따른 것으로 서울시, 인 천시, 경기도가 조합 해산방침을 결정·통보했고 조합회의는 이날 해산 안을 가결했다.

해산안이 통과됨에 따라 해산추진단을 구성해 늦어도 연말까지는 조합 재산정리 등 해산절차를 밟을 것으로 보인다. 그동안 추진돼 온 수 원~구로간 BRT 사업 등 사무는 금년 상반기 중 대광위에 이관될 예정 이다.

문경희(민. 남양주2) 조합회의 의장은 "현재 조합 인력에 대한 대광위 파견 및 승계 등 직원처우에 대한 관심과 해결을 위해 노력해 달라"고 당부했다.

2005년 2월 수도권 3개 시도가 공동으로 설립한 조합회의는 광역교 통문제 해결을 위해 많은 노력을 기울여 왔지만, 법적권한 부족, 예산확 보 미흡 등으로 당초 설립취지에 맞는 역할을 하기에는 한계가 있었던

수도권교통본부 조합회의(의장 문경희)는 수도권교통본부에서 제67회 임시회를 열고 조합 해산결의
안을 의결했다(사진=경기도의회)

것이 사실이다.

　문 의장은 "그간 수도권 교통불편 해소를 위해 꼭 필요한 사업을 추진하려고 해도 지자체간 정책이견으로 사업이 지연되거나 무산되는 경우가 많았다"며 새롭게 출범하는 대광위가 지자체간 갈등조정 역할을 해야 한다고 강조했다.

　한편 이날 조합회의에는 대광위 최기주 위원장이 참석해 '2019년 주요업무 추진계획'을 보고했다. 최 위원장은 의원들의 의견에는 "2019년 예산이 4574억 원으로 많이 부족한 상황이다. 필요인력 81명 중 40명이 부족한 상황이다. 우선 수도권 광역버스 문제 해결을 위해 M-버스 400여대 신설과 권역별 상설사무소 설치, 환승센터 구축 등에 집중할 생각이다"라고 밝혔다.

경인종합일보 | 2019. 04. 15

경기도 공공버스과와 준공영제 관련 논의

경기도의회 문경희 의원(더불어민주당, 남양주2)은 지난 12일 경기도의회 남양주상담소에서 경기도 공공버스과 담당자들과 새경기 준공영제 시범사업에 대해 점검하는 자리를 가졌다.

담당자는 "새경기 준공영제는 대중교통 취약지역에 공익 차원의 안정적 운송서비스를 제공하기 위한 것으로 시행착오를 최소화하기 위해 시범사업을 추진하고 있다."며 "시범사업 대상 노선과 기존 노선의 경합 여부를 시·군 및 운송업체와의 협의를 통해 의견을 취합하여 검토하고 있다"고 밝혔다.

이에 문경희 의원은 "신도시 개발 등으로 경기도 인구는 꾸준히 증가하는 추세이다. 서울 출퇴근 이용객 등 소외된 지역 주민의 이동권 확보를 위해 새경기 준공영제가 안정적이고 합리적으로 추진될 수 있도록 애써 달라"고 당부했다. 이어 "새경기 준공영제, 환승센터 등 교통정책이 도민 편의 증대를 위해 추진될 수 있도록 관계기관과의 소통을 게을리 하지 않겠다"고 덧붙였다.

선경일보 | 2019. 11. 22

경기도 도로사업 예산 감소 지적

경기도의회 건설교통위원회 문경희 도의원(더불어민주당, 남양주2)은 11. 19(화) 의정부 북부청사에 시행한 경기도 건설국 행정사무감사에서 북부 도로시설 부족에 대해 집중적으로 지적하였다.

이날 문경희 도의원은 직접 준비한 수치 자료를 제시하며 "경기도내 도로보급율 상위 3개 시군은 2점대가 넘지만 최하위 3개 시군인 하남시 0.61, 용인시 0.56, 남양주시는 0.56밖에 안 되고, 경기도의 도로보급율은 서울시의 1/3 수준밖에 안 된다"며 현재 경기도 도로보급율 저조를 지적했다.

"특히 경기 북부의 경우 남부에 비해 도로보급율이 평균 5배나 차이 나기 때문에 북부 도민들에게 있어서 도로 사업은 복지사업이라고도 볼 수 있다"며 "도로보급율이 심각한 상황임에도 불구하고 예산이 전년도에 비해 60% 감소한 현 상황은 경기도에서 SOC 사업을 포기하여 도민들의 복지를 포기한 것이 아닌가"라며 현재 건설국의 도로 관련 예산이 줄어든 상황의 심각성을 강조했다.

이어 문경희 도의원은 "건설국에서 SOC사업 추진을 위한 예산을 확보하지 못한다면 경기도 남부와 북부의 격차는 점차 심해질 것이기에 경기도의 균형발전을 위해 SOC 사업을 위한 예산확보를 위해 끊임없이 노력해달라"고 당부의 말을 전했다.

또, 문경희 도의원은 도내 지방도 보도설치현황을 언급하면서 "현재 경기도내 보도설치가 필요한 많은 도로에 보도가 설치되어있지 않아 도민들이 사고에 노출되어 있으며, 보도설치를 위한 2020년도 예산 또한 1360만 경기도민의 안전을 지켜주기에는 부족하다"며 도민들의 안전과 직결된 사안인 만큼 경기도에서 보도설치를 위한 예산확충을 위해 신경써주기를 요청했다.

이에 방윤석 건설국장은 "앞으로의 지방도 보도설치 사업 추진에 있어서는 더 예산을 편성할 수 있도록 적극적으로 검토하겠다"고 말했다.

경기도 보행환경 개선 조례 개정안

경기도의회 건설교통위원회 문경희 의원(더민주당, 남양주2)은 휴대폰 및 전자기기의 급속한 보급으로 인해 보행 중 사고발생이 빈번해지고 있고 이로 인한 심각한 사회적 문제가 제기되고 있어 횡단보도 보행시 스마트폰 사용 자제 및 보행환경 시책, 법규 및 예절, 보행 중 휴대기기 사용으로 인한 안전사고 위험성 등에 대한 교육·홍보를 강화하는 내용을 주요 골자로 하는 「경기도 보행환경 개선에 관한 조례 일부개정조례안」을 입법예고했다고 밝혔다.

조례안의 대표발의자인 문경희 의원은 "요즘 스마트폰과 좀비의 합성어인 '스몸비'Smombie라는 말까지 나올 정도로 보행 중 스마트폰 사용으로 인한 안전사고가 빈번하게 발생하고 있으나 이에 대한 대책은 여전히 미흡한 실정"이라 지적하고 "사회적 인식 변화를 위한 교육이나 홍보 강화가 필요한 시점이다"며 이번 개정조례안의 대표발의 배경에 대해 설명했다.

이번 조례안의 주요 내용을 살펴보면, 우선 도지사의 책무에 보행 중 안전사고 예방에 관한 사항을 포함한 보행환경개선시책을 마련하도록 규정하였으며(안 제3조제7호 신설), 주민의 인식전환을 위한 횡단보도 보행 중 스마트폰 등의 전자기기 사용 주의를 규정했다(안 제5조제3항 신설).

또한 보행안전문화 확산을 위해 교통법규 및 기초질서, 보행 중 휴대기기 사용으로 인한 안전사고의 위험성 등 보행자 인식개선을 위한 교육·홍보를 강화하도록 규정하였으며(안 제7조의2 제1항 신설), 특히 학생들의 보행 중 스마트폰 사용 예절 등을 교육하기 위한 경기도교육감 및 시장·군수 등과의 협력 사항을 규정했다(안 제7조의2 제2항 신설).

마지막으로 문경희 의원은 "이번 조례 개정으로 사회적 인식변화를 위한 교육·홍보 강화 노력과 함께 시설측면에서도 횡단보도 및 보행로 등의 안전시설 확충 방안과 법·제도 개선 등 다각적인 대책들이 마련되길 기대한다"고 말했다.

이번 조례안은 오늘부터 17일까지 도보 및 도의회 홈페이지를 통해 게시될 예정이며, 접수된 의견 및 관련 부서의 의견을 검토한 후 제331회 임시회(10월회기) 의안으로 접수할 예정이다.

고령운전자 면허 자진반납자 교통비 지원

경기도의회 건설교통위원회 문경희 의원(더민주당, 남양주2)은 15일 날로 늘어가는 고령운전자의 운전미숙이나 인지능력 저하 등으로 인한 교통사고 발생을 줄이고자 고령운전자의 운전면허 자진 반납자에 대해 교통비 지원과 운전면허 자진반납자 표시 카드를 발급하는 내용을 주요 골자로 하는 「경기도 교통안전 증진을 위한 조례 일부개정조례안」을 입법예고했다.

조례안의 대표발의자인 문경희 의원은 "최근 3년간 65세 이상 고령운전자로 인한 사고발생 건수가 매년 증가 추세로 2017년 기준으로 약 4,800건 발생에 126명의 사망자와 7,161명의 부상자가 발생하였다"는 통계자료를 제시하며 "전체 사고의 약 50% 이상의 사고원인이 안전운전 의무 불이행으로 고령으로 인한 인지능력 저하와 운전미숙 등으로 인해 신속하게 상황대처를 못하여 발생하는 경우가 많다"라고 진단하고 고령운전자의 면허 갱신 제도 개선과 면허 자진반납자에 대한 우대 제도의 필요성을 역설했다.

이번 조례안의 주요 내용을 살펴보면, 도로교통법 제93조 제1항 제20호에 따라 경기도에 주소지를 둔 65세 이상의 고령운전자가 운전면허를 자진 반납하고 실효된 경우 교통비 등을 지원하고 운전면허 자진반납자임을 표시하는 카드 발급을 할 수 있도록 하는 제12조의2를 신설하고 있다.

최근 부산시에서 국내 최초로 운전면허를 반납하는 고령운전자에게 인센티브를 제공하는 제도를 전국 최초로 시행하고 있으며, 5천여 명이 면허증을 자진 반납한 상태이다. 이러한 제도의 시행 결과, 국토교통부와 경찰청이 발표한 2018년 11월 기준 전국 교통사고 사망자수 통계자료에서도 부산시의 고령자 교통사고 사망자 감소율이 전년대비 약 42%에 이르러 전국 평균 6%에 비해 큰 폭으로 감소하며 전국 1위를 차지했다.

문경희 의원은 "이번 조례 개정으로 고령운전자의 교통사고 감소는 물론, 교통안전환경을 조성하는 데 큰 기여를 할 것으로 기대한다"며 "고령운전자에 대한 면허갱신 제도를 비롯해 자진 반납자에 대한 사회적 우대정책 시행으로 건전한 사회인식 제고에도 많은 도움이 될 것으로 기대한다"며 조례 개정에 따른 기대감을 나타냈다.

이번 조례안은 오는 21일까지 도보 및 도의회 홈페이지를 통해 게시될 예정이며, 접수된 의견 및 관련 부서의 의견을 검토한 후 제333회 임시회(2월회기) 의안으로 접수할 예정이다.

경기일보 | 2019. 01. 27

흥선대원군묘 역사공원 조성 방안 논의

경기도의회 문경희(더불어민주당, 남양주2)과 김미리(더불어민주당, 남양주1), 김용성 의원(더불어민주당, 비례)이 흥선대원군묘역 및 주변토지의 역사공원 조성 방안을 놓고 관계자들과 의견을 나눴다.

문경희, 김미리, 김용성 의원은 지난 24일 도의회 남양주상담소에서 경기도청 담당자와 남양주시 화도읍에 있는 흥선대원군묘역 및 주변토지를 역사공원으로 조성하는 방안에 대해 논의했다고 27일 밝혔다.

이 자리는 지난해 경기도가 기부 받은 남양주시 화도읍 '흥선대원군묘역 및 주변토지'에 대한 정비와 활용 방안을 검토하고자 마련됐다.

도 관계자는 "흥선대원군 5대손 이청씨에게서 기부 받은 남양주시 화도읍 일대 문화재보호구역 등 기타 부지는 현재 청소, 제초 등 일상관리만 하고 있다"면서 "향후 용역비를 반영하여 기부토지에 대한 정비 및 활용계획을 수립할 예정이다"라고 밝혔다.

이에 대해 문경희, 김미리, 김용성 의원은 "남양주시는 조선왕조의 얼이 담긴 수많은 문화유적이 산재해 있다. 특히 근대화과정에서 역사적으로 중요한 가치를 가진 흥선대원군의 묘역이 그동안 그냥 방치돼 왔다"면서 "흥선대원군묘역을 주민이 누릴 수 있는 문화공간으로 조성하여 주민 행복 실현과 지역 발전에 보탬이 되도록 노력해 달라"고 당부했다.

또 문경희, 김미리, 김용성 의원은 평내동 소재 궁집 개방과 관련된 경기도의 역할과 계획도 추후 재논의하기로 했다.

이들 의원은 "남양주에 있는 다른 문화유적들도 문화관광자원화할 수 있도록 도정을 세심하게 살펴 주민이 맡긴 책임을 다하도록 노력하겠다"고 말했다.

수도권일보 | 2021. 03. 04

지역구 도의원과 실학박물관 방문

경기도의회 문경희 부의장(더민주, 남양주2)은 김경근(더민주, 남양주6)·윤용수(더민주, 남양주3)의원이 지난 3일 '실학'을 주제로 한 국내 유일의 '실학박물관(관장 김태희)'을 방문하여 정담회를 열고 운영현황 및 애로사항을 청취했다.

문경희 부의장은 "생활 속에서 실학을 쉽게 접하고 체험하는 공간으로 다양한 교육프로그램을 통해 경기 북부의 문화예술을 더욱 활성화하고, 실학정신의 확산을 위한 21세기 플랫폼 조성을 위해 지속적으로 노력해 달라"고 당부했다.

김경근 의원은 "교육지원청과 MOU를 체결하여 실학박물관을 적극 지원하고 아이들의 교육체험활동 장소로 활용될 수 있도록 적극 노력하겠다"고 전했다.

이어 윤용수 의원은 "실학의 집대성자인 다산 정약용 선생의 유배지였던 강진처럼 집중적이고 적극적인 예산지원이 필요하다"며 "실학정신을 계승·확산하는 데 최선을 다하겠다"고 말했다.

"경기도 동서남북 균형발전 반드시 필요"

　'경기도 어느 지역에 거주하든 경기도민이라면 삶의 질을 골고루 누려야 한다'는 것이 균형발전에 대한 경기도의 비전이며, 경기도의원으로서의 저의 생각이기도 합니다. 언론을 통해서도 많이 접하는 '균형발전'이라는 난제는 정부를 비롯해 많은 지방자치단체의 핵심과제이기도 합니다. 또한 수도권에 위치하고 있으며, 서울의 4분의 3 면적이며, 인구 72만 명의 남양주도 '균형 발전'이라는 '핵심난제'의 해결을 위한 고민에서 자유로울 수 없습니다.

　인구의 50% 이상이 수도권에 거주하고 있는 현실로 정부에서는 국가의 균형이 수도권에 집중되어 있어 국가균형 발전을 맞추려고 노력하고 있습니다. 마찬가지로 서울 면적의 17배에 달하는 넓은 경기도는 이미 인구 1400여 만 시대를 맞이하고 있으며, 중심이 경기남부에 기울어져 있어 경기 남부와 경기 북부, 경기 동부와 경기 서부의 균형발전을 위해 고군분투하고 있는 실정입니다.

　경기 남부에 비해 경기 북부는 행정, 사법, 입법기관 등 모든 영역의 행정 서비스가 열악합니다. 그리고 경기 북부 주민들을 위한 경기 북부청, 경기북부경찰청, 경기북부 소방재난본부, 경기북부 교육청, 의정부지방검찰청, 의정부지방법원 등 경기도의 행정, 교육, 사법 체계는 어느 정도 갖추어져 있으나 안타깝게도 도민의 대의기관인 의회행정체계만은 전무한 상황이었습니다.

경기 남부 특정지역(수원)에 위치한 경기도의회가 경기도 전체 1400만 도민의 대의기관으로서 역할을 다하기에는 한계가 있다는 판단에 따라 경기도 균형발전과 북부도민에 대한 의회 행정서비스를 강화하고 중첩규제로 소외받고 있는 북부지역 주민들의 권리를 강화하기 위해 경기도의회 경기북부분원 신설추진위원장을 맡아 분원 신설을 추진하게 되었습니다.

전국 광역의회 사상 최초로 추진되었던 경기도 북부분원의 성공적인 신설을 위해 2020년 9월 23일 '경기도 의회 북부분원 신설 추진위원회'가 구성되었고, 추진위원장인 저를 비롯하여 도의원 16명과 학계인사 및 변호사 등 외부전문가 5명 등 총 21명의 추진위원이 경기도의회 북부분원 설립준비에 본격적으로 뛰어들었습니다.

분원 신설에 필요한 조례안의 입법필요성 및 제명, 청사계획 수립 및 재원확보방안, 추진위 관련 사항, 집행부 등 관련 협조사항 등에 대한 회의를 계속 진행하며 분원설치관련 연구용역도 함께 병행했습니다. 그동안 분원 추진을 위해 참으로 바삐 진행된 일련의 일정들이었습니다.

2021년 4월 19일, 마침내 경기도의회 북부분원이 개원되었습니다.

시작은 경기북부청사 별관 5층에 1개 상임위원회가 회의할 수 있는 공간과 민원접견실로 구성된 협소하고 작은 공간이지만 향후 이용횟수가 증가하고 사회적 공감대가 형성된다면 독립된 '경기도의회 북부청사'를 지어 운영할 수도 있을 것이라 생각합니다.

국회를 포함하여 지방의회 역사상 전국 최초인 경기도의회 북부분원의 개원으로 지리적 불균형으로 인한 불편과 갈등해소, 물리적 거리이동으로 인한 행정력 낭비 최소화, 무엇보다 대한민국 지방자치 및 균형발전에 있어 선도적 역할을 수행했다고 생각합니다.

이재명 대선 후보의 경기도지사 시절, 경기도는 경기남부에 집중되어 있는 경기도 공공기관을 분산 배치해서 북부지역의 부족한 행정인프라를 보완하고 지역 간의 균형발전을 이루기 위해 경기도 공공기관 이전을 추진해왔습니다. '경기도 어느 지역에 거주하든 경기도민이면 삶의 질을 골고루 누려야한다'는 균형발전을 위한 이 명제는 우리지역 남양주에도 그대로 적용되어야 한다고 생각했습니다. 그런 판단 하에 중첩규제로 고통 받고 있는 우리 남양주로 경기도 공공기관을 이전해 오기 위한 대책회의를 진행했고, 기자회견 등을 통해 언론에 이슈화를 시키기도 했습니다. 비록 만족스러운 결과는 아니지만 경기신용보증재단의 남양주시 이전이 확정된 상황입니다.

앞서 비전·2 복지 영역에서 복지균형발전을 위한 다양한 노력 등을 말씀드린 바가 있습니다. 다음의 사진 및 언론자료들에서 균형 발전을 위한 과정들을 좀 더 구체적으로 들여다보실 수가 있습니다.

경기도의회 북부분원 신설 추진위원회

경기도의회가 '도의회 북부분원 신설 추진위원회'를 구성하며 분원 설치를 위한 첫 걸음을 내디뎠다.

경기도의회는 23일 대회의실에서 문경희 부의장(민주당·남양주2)을 주축으로 16명의 도의원과 학계 인사 및 변호사 등의 외부 전문가 5명 등 21명으로 위원회를 구성, 북부분원 신설 추진위원회 위촉식 및 1차 회의를 열었다.

이날 장현국 경기도의회 의장은 "자치분권 실현과 함께 경기북부 지역에 대한 의회의 대응방안을 찾겠다고 했다"며 "그러던 중 북부분원을 생각하게 됐고 북부 지역의원의 공감을 통해 이 자리까지 오게 됐다"고 말했다.

장현국 의장은 이어 북부분원의 역할을 '도내 균형발전 정책 발굴'과 '북부지역 의원들의 의정활동 효율성 제고방안 마련' 등 2가지로 압축해 제시하며, 북부분원이 도의회 정책생산의 중심인 '싱크탱크'로 자리 잡기 바란다고 당부하며 "의장으로서 (북부분원 설립을) 적극 지원할 것"이라고 약속했다.

장 의장은 앞서 전국 최초로 도의회 북부분원을 설치해 소외받는 북부 도민과 도의원을 지원하겠다고 밝힌 바 있다.

경기도의회 대회의실에서 경기도의회 북부분원 신설 추진위원회가 열리고 있다. (사진 = 경기도의회 제공)

이와 함께 박근철 도의회 민주당 대표의원도 장 의장과 힘을 합해 북부분원이 설립될 수 있도록 노력하겠다고 강조했다.

박근철 대표의원은 "장 의장이 북부지역 의원들이 의전활동을 활발히 할 수 있는 방법을 찾고 코로나19로 인해 민원해결이 더욱 어려운 북부지역을 위해 고민을 하자고 제안했다"며 "나 또한 북부사무소에 대해 고민해 왔다. 의장을 도와서 북부분원의 설립을 돕는 것이 대표의원으로서의 역할이라고 생각한다"고 밝혔다.

또 "북부분원 위원회를 통해 좋은 결말, 결실을 맺게 되면 지역적인 편차가 큰 동부도 이 안에서 논의했으면 한다"고 제안했다.

이날 회의에서는 ▲위원회 구성방안 ▲연구용역 실시 ▲도의회 북부청사 사무공간 확보 추진 ▲도의회 북부분원 설치 추진위원회 구성·운영 조례 등 4개 안건에 대해 논의했다.

위원회는 북부분원 설치 및 운영방안에 대한 연구용역을 이달 중

발주하고 북부분원 관련 설치타당성, 소요재원, 운영방안 등을 종합적으로 검토하기로 했다.

또 도의회 북부분원 신설과 함께 북부청사 사무공간 설치 근거를 뒷받침할 조례안을 각각 마련해 이르면 다음 달 회기 중 심의할 수 있도록 할 계획이다.

위원회는 다음 달 중 2차 회의를 열어 조례안 검토 및 연구용역 세부사항 점검 등을 실시할 계획이다.

한편 북부분원 위원회는 이날부터 10대 의회 의원 임기가 만료되는 오는 2022년 6월 30일까지 운영된다. 이번 위원회의 정책자문단에는 김원기 전 부의장(민주당, 의정부4)과 김미리 북부지역 도의원 협의회 회장(민주당, 남양주1) 등 경기북부 의원 중심으로 내·외부 전문가를 추가로 위촉해 북부분원을 추진한다.

뉴스핌 | 2020. 11. 12

경기도의회 북부분원 신설 추진 본격화

장현국 경기도의회 의장(더민주, 수원7)의 핵심정책인 '경기도의회 북부분원 신설'이 본격적으로 추진된다.

경기도의회는 12일 의회 3층 제1정담회실에서 '(가칭)경기도의회 북부분원 설치 및 운영방안 연구용역 착수보고회'를 열고, 주요 연구방안 및 수행일정에 대해 논의했다.

북부분원 신설 추진위원회 위원장을 맡고 있는 문경희 부의장(더민주, 남양주2) 주재로 진행된 이날 착수보고회에는 장현국 의장과 추진위 소속 위원을 비롯해 연구기관인 (새)한국행정학회 관계자 등 20여 명이 참석했다.

보고에 앞서 장현국 의장은 "북부분원 설치는 의회 사상 처음으로 추진되는 정책으로, 실제 설치를 위해 가야할 길이 멀고 힘들다"며 "연구용역을 통해 북부분원 설치에 대한 타당성과 함께 이전 시 필요한 조직 및 인력에 대한 세부연구와 운영방안이 명확히 도출돼야 할 것"이라고 강조했다.

이번 연구용역은 △도민에게 다가가는 현장형 경기도의회 실현 △지리적 불균형으로 인한 불편과 갈등 해소 △물리적 거리 이동으로 인한 행정력 낭비 최소화 △대한민국 지방자치 발전을 위한 선도적 역할

경기도의회 북부분원 설치 및 운영방안 연구용역 착수보고회 모습 [사진=경기도의회]

수행 등을 목적으로 하고 있다.

경기도의회는 우선 북부분원 설치의 행정·사회·경제적 필요성과 이전대상 선정, 입지검토, 청사 및 주요시설 규모검토 및 비용추계 등을 수행할 계획이다.

이와 함께 도의원과 의회사무처직원, 경기도청, 경기북부 기초자치 단체, 경기도민에 대한 설문조사를 실시해 북부분원 설치에 대한 의견을 수렴하고, 업계 및 학계 전문가 자문을 거쳐 현장조사 등을 실시하기로 했다.

국회 세종분원 설치에 대한 한국행정연구원과 국토연구원 연구사례를 포함해 경기도 북부청사 및 경기도교육청 북부청사, 경기도 북부 지방경찰청 등 도내 주요 행정기관별 북부청사의 설치사례를 면밀히 조사하고 북부분원 신설 추진의 기초자료로 활용할 방침이다.

문경희 위원장은 "북부분원 설치는 국가 균형발전의 초석을 다지고, 지방자치의 큰 획을 긋는 역사적인 일로 기록될 것"이라며 "이번 연구용역이 경기북부 발전을 위한 출발점이 될 수 있도록 최선을 다하겠다"고 말했다.

경기도의회는 지난 9월 23일 '도의회 북부분원 신설 추진위원회'를 구성하고, 도의원과 학계인사 및 변호사 등 21명을 위원으로 위촉하며 (가칭)경기도의회 북부분원 설립 준비에 본격적으로 착수했다. 이번 연구용역은 이날 착수보고회를 시작으로 2021년 2월 중순까지 총 3개월간 진행될 예정이다.

북부분원 설치 및 운영방안 연구용역 중간보고회

경기도의회 장현국(더민주, 수원7) 의장의 핵심정책인 '(가칭) 경기도의회 북부분원' 신설에 대해 경기도민 10명 가운데 6명이 긍정적으로 평가하는 것으로 나타났다.

경기도의회 북부분원 신설 추진위원회(위원장 문경희)는 20일 오후 의회 3층 제1정담회실에서 '(가칭) 경기도의회 북부분원 설치 및 운영방안 연구용역 중간보고회'를 개최하고, 이 같은 내용의 설문조사 결과를 발표했다.

결과 발표에 앞서 장현국 의장은 인사말을 통해 "북부분원 신설은 도의회 사상 최초의 도전인 동시에 자치분권과 균형발전이라는 국정과제를 실천하는 의미를 지닌다"며 "오늘 실질적 연구결과를 논의하며 미진한 부분을 보완하고, 사업을 성공적으로 추진할 수 있도록 명확한 로드맵을 마련하기 바란다"고 말했다.

연구용역 수행기관인 (사)한국행정학회는 경기도의회 의뢰로 지난해 12월 14일부터 31일까지 18일 간 진행한 '(가칭) 경기도의회 북부분원 설치 및 운영방안 도출을 위한 설문조사'를 실시했다.

이번 설문조사는 31개 시·군별 지역상담소를 방문한 민원인과 도의원, 의회사무처 및 경기도청 공무원 등 5,184명을 대상으로 진행됐으며,

이 가운데 경기도민 369명을 비롯해 총 963명이 응답했다.

설문조사 결과를 살펴보면, 먼저 북부분원의 필요성에 대한 전반적 공감대가 형성된 것으로 확인됐다. 북부분원 신설에 대한 긍정적 인식은 5점 만점을 기준으로 도의원이 3.83점으로 가장 높았고, 도민(3.64), 도청(3.41), 의회사무처(3.38) 순으로 나타났다. 백분율(%)로 따져보면 도의원이 69.8%, 도민이 59.3%로 전체 평균 57.5%보다 높았다.

이어 북부분원 설치 시 우선 고려할 사항으로는 전체 응답자의 36.2%가 '업무효율 제고'를 꼽았고, 뒤이어 '지역균형발전'(32.8%), '도민서비스 제고'(19.2%), '경제적 비용절감'(7.4%) 순으로 답했다.

유형별로 살펴보면, '도청과 도교육청, 경기지방경찰청의 북부청사에 대한 인지여부'에 대해서는 도민 응답자의 65%가 '매우 잘 알고' 있거나 '잘 알고 있다'고 답하며 북부지역 행정기관에 대한 높은 관심도를 입증했다. 특히, '매우 잘 알고 있다'고 답한 북부지역 도민의 비중은 51.5%로, 남부지역 도민의 인지도(11.5%)보다 훨씬 높았다.

이와 함께 '북부분원의 경기도북부청사 활동연계'에 대한 도청 공무원 응답자의 긍정적 인식은 64.7%(매우긍정 44.7%, 긍정 20.2%)로 부정적 인식(28.4%)보다 월등히 높은 비율을 차지했다. 이는 업무보고, 예산심의 시 북부분원을 활용하면 업무효율성을 높일 수 있기 때문인 것으로 풀이된다.

문경희 위원장은 "설문조사 결과 등 현실을 잘 반영해 북부분원 운영방안을 구체적으로 마련해야 한다"며 "연구용역 완료시점인 2월 11일까지 단기 및 중장기 계획을 수립해 4월 중 북부분원을 신설할 수 있도록 최선을 다해 노력해 달라"고 말했다.

한편, 이날 중간보고회에는 코로나19 확산방지를 위해 추진위 소속 위원과 ㈔한국행정학회 관계자 등 최소인원이 참석했다. 위원들은 설문조사 외에도 '(가칭) 북부분원의 개념 및 명칭연구', '설치의 법적 타당성 분석', '향후 구성방안' 등에 대해 논의했다.

한편 지난 9월 23일 출범한 북부분원 신설 추진위는 도의원과 학계 인사 및 변호사 등 21명의 위원으로 구성돼 있다.

중부일보 | 2021. 02. 14

경기도의회 북부분원 4월 개소 준비 완료

제10대 후반기 경기도의회 핵심 공약이자 오는 4월 문을 여는 '경기도의회 북부분원'의 세부 운영 방향이 확정됐다.

도의회 북부분원은 도의원 업무, 민원인 응대 공간과 상임위원회 지원 조직 등을 갖추고 본회의를 제외한 대부분의 의정활동을 수행하게 될 예정이다.

경기도의회 북부분원신설추진위원회는 지난 9일 도의회 북부분원 조성이 예정된 경기도청 북부청사 5층에서 '경기도의회 북부분원 설치 및 운영방안 연구용역' 최종보고회를 실시했다.

박종혁 (사)한국행정학회 책임연구원의 발표로 진행된 이날 보고회에서는 북부분원 세부 구성과 역할, 기대효과 등이 다뤄졌으며 북부분원신설추진위원들과 민간전문가 등 30여 명이 참석했다.

도의회 북부분원은 도 북부청사 별관 5층에 설치되며 의원 집무공간과 휴게공간으로 구성된 '스마트 워크센터'와 상임위원회 지원업무, 회의공간 등이 조성된다.

특히 북부분원에서는 도·도교육청 북부청사에 대한 행정사무감사와 예산안 심의, 조례 제·개정 등이 이뤄질 예정이다.

도의회 북부분원신설추진위는 이날 연구용역 결과를 바탕으로 명칭, 내부 조직구성안 마련 등 보완을 거쳐 4월 북부분원 운영을 개시할 방침이다.

문경희 도의회 부의장 겸 북부분원신설추진위원장(더불어민주당·남양주2)은 "북부분원이 북부지역 도의원과 주민, 공무원의 편의 증대뿐 아니라 경기 남북부지역 균형발전에도 기여할 수 있도록 최선을 다하겠다"고 말했다.

파이낸셜뉴스 | 2021. 04. 19

경기도의회, 지방의회 최초 분원 개소

경기도의회는 전국 지방의회 최초의 분원인 '경기도의회 북부분원'
이 문을 열고 본격적인 운영에 돌입했다고 19일 밝혔다.

경기도의회 북부분원은 북부지역 도민의 행정적 편의 극대화와 의
정력 낭비 최소화를 위해 경기도의회가 전국 처음으로 추진했다.

이를 위해 경기도의회는 이날 오전 경기도 북부청사 별관 1층에서
'북부분원 개소식 및 현판식'을 개최했다.

개소식에는 장현국 의장(더민주, 수원7)과 박근철 더불어민주당 대표
의원(의왕1)을 비롯해 북부분원 신설 추진위원회 위원장을 역임해 온 문
경희 부의장(더민주, 남양주2)과 위원회 소속 의원이 참석했다.

이와 함께 경기도청 이한규 행정2부지사와 이재강 평화부지사, 경기
도교육청 조도연 제2부교육감, 김민철 국회의원, 위원회 위원인 김정호
신한대학교 행정학과 교수도 자리를 함께했다.

장현국 의장은 "도민의 대의기구인 경기도의회가 남부에만 소재해
있으면서 북부지역 도민의 상대적 박탈감과 불편이 컸다"며 "오늘 북부
분원 개소가 북부지역 의원의 의정활동 효율성을 높이고, 지역균형발전
정책을 발굴해내는 새로운 계기가 될 것이라고 믿는다"고 소감을 밝혔
다.

이어 박근철 대표의원은 "북부분원 설치로 의원들의 회의와 업무를 위한 시간과 비용이 크게 절감돼 의정활동에 더욱 매진할 수 있는 환경이 조성되고, 북부지역 공무원의 업무효율도 더욱 높아질 것"이라고 덧붙였다.

별관 5층에 자리한 북부분원은 상임위원회 공용회의실(501호)과 공동집무공간(502호) 등 각각 110m^2(33평) 규모의 2개 공간으로 구성됐다. 공용회의실에서는 업무보고와 예·결산안 심사, 행정사무가사, 회의 등이 진행되며 공동집무공간은 의원 집무실과 접견실로 활용될 계획이다.

회의실 사용은 13개 상임위별로 이용신청을 받아 이뤄지며, 상임위 소관 북부청 실·국 및 북부소재 공공기관이 많은 건설교통위원회, 경제노동위원회, 안전행정위원회 순으로 우선 배정된다.

경기도의회는 단기적으로 북부분원 전담인력을 두는 한편, 중기적으로는 1개 과 3개 팀 체제를 도입하는 등의 확대운영 방안을 검토 중이다.

문경희 부의장은 "수원 본원에 집중됐던 의정활동이 의정부 소재 북부분원으로 분담됨에 따라 의정활동의 효율성이 크게 강화될 것"이라며 "북부분원이 오랜 중첩규제로 고충을 겪어 온 도민의 마음을 위로하고, 북부지역 발전에 주요 역할을 할 수 있도록 최선을 다 하겠다"고 말했다.

한편, 이날 개소식에는 정승현 운영위원장(더민주, 안산4), 김명원 건설통위원회 위원장(더민주, 부천6)과 위원회 소속 권재형(더민주, 의정부3)·김규창(국민의힘, 여주2)·김원기(더민주, 의정부4)·김미리(더민주, 남양주1)·이영봉(더민주, 의정부2) 의원이 참석했다.

경기도의회 북부분원 신설은 장현국 의장이 지난해 7월 의장 출마 당시 경기 남·북부 균형발전을 목표로 내세운 핵심 공약사항이다.

경기도의회는 지난해 9월 23일 '경기도의회 북부분원 신설 추진위원회'를 구성하고, 연구용역을 통해 북부분원의 법적 설치 가능여부 및 타당성 분석 등 운영방안에 대한 연구를 실시해왔다.

북부분원은 이날 개소식 직후 진행된 건설교통위원회 예산심의를 시작으로 제351회 임시회부터 운영된다.

남양주시 공공기관 유치 추진 현황 청취

경기도의회 남양주상담소에서 문경희 부의장(더불어민주, 남양주2)과 김경근 의원(더불어민주, 남양주6)은 지난 10일 경기도 공공기관 유치 TF의 추진 현황을 청취하는 자리를 가졌다고 11일 밝혔다.

이 자리에서 문경희 부의장과 김경근 도의원은 "남양주시는 각종 중첩 규제 등으로 지역발전이 저해되어 왔으며, 이는 지역주민들에게 상대적 박탈감을 갖게 하였다. 경기도의 균형발전과 북부지역 주민들의 권리 확대를 위해 남양주시는 최선을 다해주기 바란다"면서 "남양주는 도농복합도시로 다양한 정책을 개발할 수 있는 여건을 갖추고 있으며, 3기 신도시 예정지로 수도권 교통망의 요충지로 부상하고 있으므로 북부의 다른 지역보다 공공기관 이전지로 적합하다. 남양주시와 함께 공공기관 유치를 위해 노력하겠다"고 밝혔다.

남양주시는 공공기관 3차 이전 공모에 경기주택도시공사, 경기연구원, 신용보증재단, 여성가족재단, 경제과학진흥원 5개 기관에 지원했으며, 경기주택도시공사, 경기연구원, 신용보증재단, 여성가족재단 4개 기관이 1차 심사에 통과하여 2차 심사 준비 중에 있다.

이번 정담회는 사회적 거리두기를 위하여 경기주택도시공사 다산신도시사업단 2층 중회의실에서 진행하였다.

비전 5 | 자치분권

"주민은 참여하고 지방은 도약합니다."

우리 삶에서 가장 중요한 것이 '먹고 사는 문제'라고 합니다. 기본적인 삶을 영위할 수 있는 기초적인 사회 안전망을 구축하는 것이 가장 중요한 것이지요. 사회안전망 구축을 위해서는 중앙정부의 역할이 있고 지방정부의 역할이 또 따로 있습니다.

최근 코로나 사태처럼 그 누구도 겪어보지 않은 위기가 발생할 경우 곧바로 확인하고 대응할 수 있는 것은 중앙정부가 아니라 지방정부입니다. 때문에 주민들을 위한 즉각적이고 특성에 맞는 정책 실현을 위해 필요한 것이 바로 지방자치이고, 그런 지방 정부에 중앙에 집중된 권한을 이양하고 나누는 것이 자치분권입니다.

올해는 자치분권이 새롭게 태동하는 역사적인 시기입니다. 지방의회 의원선거로 지방자치제가 부활한 지 30년을 맞는 역사적인 해이기도 합니다.

주민참여 확대, 지방의회 역량강화와 책임성 확보, 지방자치단체 행정 효율성 강화 등을 내용으로 하는 지방자치법 전부개정 법률안이 2020년 12월 9일 국회 본회의에서 의결된 지가 엊그제 같은데 32년 만에 개정된 지방자치법이 2022년 올해부터 시행됨에 따라 지방의회가 큰 도약과 발전의 시대를 앞두고 있어 감회가 새롭습니다.

개정된 내용 중 중요한 부분 하나만 예를 들면 '의회인사권 독립'을 들 수 있습니다. 그동안은 의원들의 의정활동 지원을 하기 위해 의회에서 근무하는 공무원의 인사권이 의회에 있지 않고 의회에서 감시와 견제를 해야 할 집행부의 단체장에게 있었기 때문에 견제의 기능을 수행할 때 의회 근무 공무원이 완전히 자유로운 상황에서 일을 할 수는 없었습니다. 아울러 집행부 단체장의 눈치를 보면서 일해야 하는 의회 공무원의 고충이 상당했을 것이라 미루어 짐작해 봅니다.

그런데 이러한 지방의회의 인사권독립은 거저 얻어진 것이 아닙니다. 전국 지방의회 의원들의 단결된 힘으로 지속적으로 국회에 요청해왔고, 이런 노력에 공감하며 지방자치법 법률을 개정한 국회의원들의 소통과 공감의 결과입니다. 그 과정을 제가 속한 경기도의회를 기준으로 잠깐 피력하고자 합니다.

2020년 10월 저를 포함한 경기도의회 의장단은 국회 행정안전위원회에 '지방자치법 전부개정안'의 조속한 통과를 촉구하는 건의문을 전달하고 실질적 자치분권 실현을 위한 본격적인 활동에 나섰습니다.

이날 제출된 건의문에는 '지방의회 인사권 독립', '정책지원 전문인력 도입' 등을 통해 지방의회의 자율권을 강화함으로써 '주민의 삶을 바꾸는 자치분권'을 가시화 하겠다는 구상이 담겨있었습니다.

국회 행정안전위원회 소속 한병도 의원(더민주)과 최춘식 의원(국민의

힘), 김민철 의원(더민주) 등 여야 의원을 두루 접견하고, '지방자치법 전부
개정법률(안)의 조속한 국회 의결을 위한 건의문'과 '지방의회 제도개선
관련 건의서'를 전달했습니다. 이어 추가 건의사항으로 '지방자치법'과
'지방자치단체 예산편성 운영기준 및 기금운용계획 수립 기준'을 개정해
교섭단체 운영근거를 마련하고, 인력 및 예산확보가 원활히 이뤄지도록
해야 한다는 의견과 '지방자치단체 예산편성 운영기준' 상의 의원정책개
발비 별도한도 규정을 삭제해 지방의회 연구용역을 활성화하고 예산편
성의 자율성을 확보해야 함을 제안했습니다.

이런 노력으로 32년 만에 지방자치법이 개정되어 인사권은 의회에
주어졌지만 정작 조직편성권은 주지 않는 등 다소 불완전하게 개정되어
아쉬운 마음입니다.

지난해 8월, 저는 문재인 정부의 '자치분권' 과제를 총괄하는 컨트
롤타워인 대통령 소속 자치분권위원회 위원으로 위촉돼 자치분권을 위
해 2년간 활동하게 되었습니다. 그래서 2021년 10월 29일 지방자치의
날을 기념하여 개최된 '지방분권 2.0시대 지방의회 위상과 역할 어떻게
할 것인가?' 라는 주제 토론회의 좌장을 맡아, 각계 전문가와 도의원,
공무원과 함께 실질적 자치분권의 실현과 지방정치 혁신을 위한 제도
와 정책에 대한 다양한 의견을 개진한 바 있습니다.

자치분권 실현이란 도민께서 지역문제 해결에 직접 참여하고 그 효
과를 피부로 느끼는 게 핵심입니다. 그러기 위해서는 지방의회의 역할
이 가장 중요하다고 생각합니다. 주민이 원한다면 언제 어디서든 지방의
회를 방문할 수 있고, 지방의원과 소통할 수 있는 기반을 조성해야 한다
고 생각하여 경기도의회 북부분원 설립을 추진하였습니다.

자치분권 실현이라는 대의를 향해 나아갈 수 있게, 대한민국의 지속 가능한 성장과 함께 잘사는 포용국가를 만들기 위해 자치분권은 가장 필수적인 시대정신입니다. 실질적인 지방분권을 통한 풀뿌리 민주주의가 실현될 수 있도록 남은 저의 힘을 모두 보태겠습니다.

'지방자치법 전부개정안' 통과 촉구

경기도의회 의장단이 전국 지방의회 대표로 국회를 찾아 '지방자치법 전부개정안' 통과를 촉구한다.

4일 도의회에 따르면 장현국 도의회 의장(민주당, 수원7)과 진용복(민주당, 용인3), 문경희(민주당, 남양주2) 부의장과 함께 5일 국회 행정안전위원회를 방문하기로 했다.

이번 방문은 전국 17개 광역의회를 대표해 이뤄지는 것으로, 광역의회가 지방자치법 개정 촉구 차원에서 국회를 방문하는 것은 이번이 처음이다.

도의회 의장단은 이날 국회 행안위 소속 한병도 의원과 김민철 의원(의정부을)을 각각 접견하고 지방자치법 개정안의 조속한 국회 의결을 요청하는 건의문을 전달할 계획이다.

이와 함께 지방의회 제도개선 관련 과제를 담은 건의서도 제출, 전문인력 확충 등 지방자치법 전부개정안 정부안에 대한 보완책도 함께 제시하기로 했다.

'지방자치법 전부개정안'은 지방자치단체, 지방의회의 책임과 권한을 강화하는 내용을 담고 있다. 지난해 3월 처음으로 국회에 발의됐지만 20대 국회 임기만료로 자동 폐기됐다. 이후 지난 7월 21대 국회에 다시

장현국 경기도의회의장, 진용복·문경희 부의장 등 의장단이 국회 행정안전위원회 소속 김민철 의원을 접견, '지방자치법 전부개정법률(안)의 조속한 국회 의결을 위한 건의문'과 '지방의회 제도개선 관련 건의서'를 전달하고 있다.(2020. 10. 5., 사진제공: 경기도의회)

제출돼 국회 행안위에 상정된 상태다.

국회 행안위는 지난달 16일 지방자치법 전부개정안 법률심의를 진행했지만 정책지원인력을 소속 의원의 절반 수준으로 확충하자는 정부안을 제시했다가 지방의회로부터 실효성이 없다는 반발을 산 바 있다.

장 의장은 "지방자치법 개정안 국회 의결은 도의회를 포함한 지방의회의 최대 역점사항"이라며 "지방의회의 염원을 국회에 전달하는 것을 시작으로 개정안이 국회를 통과할 때까지 지속적으로 지방의 목소리를 전할 것"이라고 말했다.

한편, 도의회는 오는 12일 '도의회 자치분권발전위원회'를 발족하고 전국시·도의회의장협의회 등과 함께 법 개정 촉구 행동을 이어나갈 방침이다.

서울일보 | 2021. 08. 09

대통령소속 자치분권위원회 정책자문위원

문경희 경기도의회 부의장(더불어민주당, 남양주2)이 대통령 소속 자치분권위원회 정책자문위원으로 위촉됐다.

임기는 오는 2021년 8월 21일부터 2023년 8월 20일까지로 2년 동안 실질적인 자치분권 실현을 위한 활동을 하게 된다.

자치분권위원회는 대통령 소속 자문위원회로서 자치분권 과제 실현을 위한 총괄 조정기구이며, 지방의 자율 확대와 역량 강화를 위한 제도개혁 방안을 마련하는 역할을 한다.

문경희 부의장은 "지방자치법 전부개정으로 인하여 지방자치 주체는 주민이 됐다. 주민이 참여하고 지방은 도약하는 자치분권2.0 시대에 맞추어 최선의 노력을 다할 것"이라고 포부를 밝혔다.

지방자치의 날 '자치분권 혁신토론회' 좌장

경기도의회 문경희 부의장(더민주, 남양주2)이 좌장을 맡은 '자치분권 혁신토론회'가 지난 29일 경기도의회 대회의실에서 개최됐다.

지방자치의 날을 맞아 경기도의회와 경기도의회 자치분권발전위원회가 주최하고 거버넌스 지방정치연구회 주관으로 개최됐으며, '지방분권 2.0시대 지방의회 위상과 역할 어떻게 할 것인가?'라는 주제로 각계 전문가와 도의원, 공무원이 참여하여 실질적 자치분권의 실현과 지방정치 혁신을 위한 제도와 정책에 대해 다양한 의견을 개진했다.

좌장을 맡은 문경희 부의장은 "오늘 개최된 토론회는 제가 대통령 소속 자치분권위원회 정책자문위원으로 위촉된 후 지속적으로 관심을 갖고 있던 주제여서 참여하게 됐다. 자치분권 실현을 위한 지방정치 혁신 의제 도출을 위해 다양한 의견들이 심도있게 논의되길 기대한다."며 "경기도의회는 자치분권 시대를 맞아 우수한 거버넌스 철학을 전파하고 지역 위기 시대 거버넌스 패러다임에 기초한 지역 혁신 실천방안을 모색하겠다."고 말했다. 이날 토론회는 이형용 거버넌스센터 이사장, 소순창 대통령소속 자치분권위원회 부위원장, 박홍순 강남구 자치협력관, 윤창원 서울디지털대학교 교수, 이필구 안산YMCA 사무총장, 경기도의회 김현삼, 배수문, 김경희, 권정선, 황대호 도의원, 윤용석 고양시의원 등이 함께했다.

서울일보 | 2021. 08. 30

분권자치 정치발전 캠페인

　　문경희 경기도의회 부의장은 27일 '분권자치 정치발전 지방의원 성명서 캠페인' 챌린지에 동참했다.

　　이번 챌린지는 거버넌스센터 지방정치연구회의 제안으로 지방분권과 주민자치를 실질적으로 보장하고 강화하기 위한 릴레이 캠페인이다.

　　문경희 부의장은 "지방정치 혁신이 한국정치 혁신과 변화의 기초임을 다짐하며, 본격화된 자치분권 2.0시대의 성공적 도약을 위해 지방의회가 자율성과 책임성을 바탕으로 주민 중심의 생활자치 실현 목표를 향해 나갈 것"이라며 포부를 밝혔다.

　　경기도의회 김현삼 의원(더민주, 안산7), 배수문 의원(더민주, 과천)의 지명을 받은 문경희 부의장은 다음 참가자로 김미숙 의원(더민주, 군포3), 서현옥(더민주, 평택5) 의원을 지목해 '분권자치 정치발전 지방의원 성명서 캠페인' 챌린지 참여를 요청했다.

문경희 경기도의회 부의장은 '분권자치 정치발전 지방의원 성명서 캠페인' 챌린지에 동참했다. (사진 제공: 경기도의회)

뉴시스 | 2021. 06. 03

'거버넌스 지방정치대상' 최우수상 수상

문경희(더불어민주당, 남양주2) 경기도의회 부의장은 '2021 제3회 거버넌스 지방정치대상 분권자치 강화 분야 최우수상'을 수상했다고 3일 밝혔다.

거버넌스센터 주최, 거버넌스지방정치대상공모대회조직위원회 주관 '거버넌스 지방정치대상'은 참여와 파트너십 등 거버넌스 패러다임에 기반해 우수한 정치역량을 발휘한 지방자치단체장과 지방의원에게 수여되는 상이다.

전국 지방자치단체장과 지방의원을 대상으로 ▲주민생활편익 확대 ▲행정효율성 제고 ▲공동체역량 증진 ▲분권자치 강화 ▲지역활력 증대 ▲미래개척 ▲코로나19대응(2021 특별주제) 7개 분야에 대해 공모를 실시한 뒤 서류평가와 면접심사 등 절차를 거쳐 부문별 수상자를 선정했다.

문경희 부의장은 "거버넌스 지방정치대상 최우수상 수상을 지역의 미래, 한국의 미래, 민주주의 미래를 위해 풀뿌리 민주주의를 실현시키라는 메시지로 받아들이며, 의미 있고 영광스럽게 생각한다. 이번 수상을 계기로 자치분권 발전을 위해 열심히 뛰겠다"고 수상 소감을 밝혔다.

비전 6 | 여성

"세상의 절반은 여성, 딱 그만큼만"

세상의 절반을 채우고 있지만 사회에서의 지위나 처우는 절반의 수준에 미치지 못하는 여성정책은 어떤 방향으로 가야 할까요?

요즘처럼 젠더 이슈로 남녀가 서로 극단적으로 대립되는 분위기가 조장되는 시기에는 여성정책을 깊이 논하는 것이 조금 불편할 수도 있습니다. 그렇지만 우리 사회의 현실을 제대로 진단하고 그 나아갈 바를 찾아야 하는 것은 여성도의원으로서 마땅히 해야 할 일이라 생각합니다.

여성정책은 여성과 남성이라는 구분 없이 그냥 인간으로서 같은 눈높이를 맞추기 위한 사다리를 만드는 과정 속에서 마련되어야 할 것입니다.

과거에 비해 요즘은, 우리나라 여성의 경제활동 참여율이 많이 높아졌고 여성의 지위가 향상된 것도 사실입니다. 그러나 성별 임금 격차가 OECD 최고 수준을 차지하고 성평등 지수도 여전히 낮은 수준입니다.

전통적인 가족관계가 해체되고 새로운 유형의 다채로운 가족형태가 나타나고 있는 지금도 여전히 예전의 가족관계에 묶인 여성의 차별이 곳곳에 존재하고 있습니다. 여성의 경제활동 참여율은 크게 늘어났지만 양적, 질적 측면에서의 임금 격차가 크고, 공적 영역에서의 의사결정 권한을 가진 일자리 진출이 저조하다 보니 사회적 영향력이 크게 확대되고 있지는 못한 상황입니다.

여성 정책이 중요한 이유는 여성과 아동 등 사회적 약자를 보호함으로써 좀 더 건강한 사회를 만들고 미래의 희망을 만들어 갈 수 있기 때문입니다. 이에 저는 "모두가 함께 만드는 성평등 사회"를 구현하기 위해 도의원으로서 꾸준히 달려왔습니다.

여성정책 발굴을 위한 포럼에 참석하며 그 결과를 정책에 반영하려 노력하였고, 경기여성단체들과 도의회 여성의원들로 구성된 '경기여성네트워크'의 활동을 통해서 여성들이 겪는 불평등을 해소하고 성평등 정책 확산을 위해 애써 왔습니다.

경기도의회를 비롯하여 대부분의 광역의회에는(국회 또한 예외일 수 없을 텐데요), 의회 내 여성의원의 수가 전체 도의원 142명 중 31명밖에 안 되는 상황입니다. 이에 저는 제10대 의회 하반기 경기도의회 부의장으로 활동하면서 여성의원 협의회를 구성하였습니다.

경기도의회의 모습으로만 평가해도 공적 영역에서의 의사결정 권한을 가진 위치에 있는 사람 중에 여성이 월등히 부족하다는 우리 사회의 현실을 적나라하게 보여주는 것이라 생각합니다. 제가 여성의원협의를 만든 이유는 바로 이를 극복하고 부의장이 되고자 출마했을 당시 공약을 실천하고자 함이었습니다. 즉, 경기도 성평등 문화 확산과 젠더 이슈에 대한 대응방안을 모색하고 다양한 현안과 정책에 대한 공동연구 및 공동대응을 위해서였던 것입니다.

저는 우선 1390만 인구의 성평등 정책을 이끌어 가야 할 경기도의 양성평등 정책과 성인지 예산서 및 예산 집행 현황을 제대로 들여다보기 위해서는 우선 여성의원들 스스로 역량을 강화할 필요가 있다고 생각하여 자체 교육을 진행했습니다. 작년 성추행 피해 공군부사관 사망 사건이 터졌을 때는 여성의원협의회 차원에서 정부에 철저한 진상조사 및 재발방지 대책 마련을 촉구하기도 했습니다.

아직도 세계 여성의 날(3월8일)이 존재하는 이유는 여전히 이 지구상의 여성들이 사회적 약자이기 때문일 것입니다.

향후에도 경기도의회 여성도의원으로서 양성평등 문화 확산 및 성주류화 정책 강화, 여성단체 활동 및 역사적 피해자 지원, 여성폭력 예방 및 피해자 지원체계 강화, 여성 일자리 창출, 일·생활 균형 지원 등의 활동을 꾸준히 하며 성평등 사회를 만들어 가기 위해 노력하겠습니다.

이후의 내용은 그동안 여성정치인으로서 우리 사회가 건강한 성평등 사회가 되기를 희망하며 활동한 내용들입니다.

"변화는 다른 사람이나 다른 시기를 기다리기만 하면 오지 않는다. 우리 자신이 기다리는 사람이며 변화이다." _버락 오바마

경인종합일보 | 2021. 04. 28

"여성장애인과 함께 살아가는 세상을 위해"

경기도의회 문경희 부의장이 좌장을 맡은 〈여성장애인 기본조례 제정을 위한 토론회〉가 지난 27일 오후 경기도의회 대회의실에서 개최됐다.

이날 토론회의 좌장은 맡은 문경희 부의장은 "여성과 장애라는 다중차별을 겪으며 살아가는 여성장애인의 기본적인 학습권, 노동권, 건강권 등을 보장하기 위하여 여성장애인을 위한 조례 제정이 필요하다는 고민으로 장애인의 날이 속해 있는 4월에 이 토론회를 개최하게 되었다"고 밝히며 토론회를 시작했다.

토론회의 주제발표는 문애준 사단법인 한국여성장애인연합 대표가 맡아 진행하였다. 문 대표는 "경기도의 여성장애인 기본조례 제정 논의가 전국여성장애인들을 위한 '여성장애인기본법' 제정을 촉발하는 계기가 되었으면 한다"는 바람을 전하며, 여성장애인 단독 법률 제정의 필요성을 제기했다.

첫 번째 토론자인 왕성옥 경기도의회 보건복지위원회 위원은 여성장애인은 사회학적으로 최약자의 계층으로 분류되어 상시적 위험에 노

출되어 있으며, 출산과 육아를 경험하기 때문에 남성장애인과 다른 생애주기별 지원이 필요하다고 제언했다.

두 번째 토론자인 백혜련 사단법인 장애여성네트워크 대표는 장애여성에 대한 전 생애주기별 기초적 분석이 필요하고 "지역에 한정된 조례 제정은 또 다른 차별이 될 수 있다"며 전국적으로 동등한 권리를 누릴 수 있는 단독 법률이 필요하다고 말했다. 또한, 장애여성의 사회적 진출과 사회적 생산성을 높이기 위해 모두의 노력이 필요하다고 덧붙였다.

세 번째 토론자인 서혜정 경남여성장애인연대 대표는 전국 최초로 여성장애인 기본조례를 제정한 경남 사례의 과정을 톺아보며 조례안 제정 과정에서 고민해야 하는 실질적인 문제들을 지적했다.

네 번째 토론자인 허성철 경기도 장애인복지과장은 장애인의 성별 구분 없이 예산 지원과 관련 법규를 추진하다 보니 "여성장애인에 대해 소홀했던 부분이 없지 않아 있다"며 여성장애인 관련 정책에 관해 "중장기적 로드맵을 세워 일을 처리하겠다"고 말했다.

문경희 부의장은 끝으로 정책과 조례 방향성에 대한 다양한 의견을 바탕으로 "당사자들과 소통하고 당사자의 입장에서 함께하는 약속의 말씀을 드린다"며 "한 발 나아가고 다가갈 수 있는 기회를 자주 만들겠다"며 토론을 마무리했다.

한편 이번 토론회는 코로나19 생활수칙에 따라 최소한의 관중 입장과 비대면 방식으로 진행되었으며, 경기도의회 유튜브 라이브방송을 통해 도민들과의 소통을 이어나갔다.

경인신문 | 2021. 06. 24

경기도 여성가족정책발굴포럼 종합발표회 참석

문경희 경기도의회 부의장은 24일 '경기도 여성가족정책발굴포럼 종합발표회'에 참석했다.

오늘 포럼은 경기도와 경기도여성가족재단, 민간 전문가 및 정책 당사자가 함께 참여하는 민·관·학 거버넌스 형태의 정책포럼으로 법령·조례, 광역·기초단위 추진과제를 포함해 사업 추진 실효성이 높은 정책 의제를 제안하기 위한 의제발굴 포럼이다.

문경희 부의장은 "민·관·학이 함께 참여해 선도적으로 여성가족분야 신규 정책 개발과 의제 발굴 공론장으로 만들어주신 경기도와 경기도여성가족재단 관계자 분들께 감사드린다"며 "제도와 법률이 사회변화를 따라가지 못해서 벌어지는 문제가 앞으로 많을 것이다. 이번 종합발표회가 이런 정책 사각지대를 줄이기 위한 발판이 되길 바란다"고 말했다.

이날 발표회에는 이재명 경기도지사, 김성수 도의회 여성가족평생교육위원회 부위원장, 김희은 경기도여성가족재단 이사장, 정정옥 경기도여성가족재단 대표이사, 박선영 한국젠더법학회 회장, 분야별 정책제안자 등 30여 명이 참석했다.

경기도 여성가족 정책발굴 포럼 종합발표회

일시: 2021. 6. 24.(목) 14:30   장소: 경기도청 제1회의실   주최·주관 : 경기도·경기도여성가족재단

'경기도 여성가족정책발굴포럼 종합발표회'에서 당시 이재명 경기도지사와 함께

'여성장애인 지원 조례안' 상임위 통과

경기도의회 보건복지위원회 문경희 의원(더민주, 남양주2)이 발의한 '경기도 여성장애인 지원 조례안'이 15일 제352회 임시회 상임위 심의를 통과했다. 이번 개정안은 기존 임신·출산·양육에 집중되었던 여성장애인에 대한 지원정책을 임신과 출산 경험이 없는 여성장애인에게도 집중될 수 있도록 보다 보편적인 지원 정책을 마련하도록 근거를 마련하는 내용이다. 관련하여 문경희 부의장은 '여성장애인 기본조례 제정을 위한 토론회'를 지난 4월에 개최한 바 있다.

문경희 의원은 "제정안은 여성과 장애라는 다중차별을 겪으며 살아가는 여성장애인의 기본적인 학습권, 노동권, 건강권 등의 권리를 보장하고 체계적인 지원을 통하여 여성장애인의 삶의 질 향상을 도모하기 위해 제안하게 되었다"고 밝히며 "장애 관련 정책은 여성이라는 요소를 충분히 고려하지 않아 지원정책이 있음에도 불구하고 여성장애인들의 어려움이 많았다. 본 제정안을 통하여 여성장애인을 위한 체계적인 지원 체계가 마련되길 기대한다"고 말했다. 개정안은 오는 23일 본회의에 상정되어 의결된 후 공포·시행될 예정이다.

서울신문 | 2020. 10. 13

경기도의회 여성의원협의회 창립

경기도의회 문경희 부의장(더불어민주당, 남양주2)은 지난 12일 '2020 경기도의회 여성의원협의회 창립 총회'를 개최했다. 경기도의회 여성의원 31명으로 구성된 '경기도여성의원협의회'는 경기도 성평등 문화 확산과 젠더이슈에 대한 대응방안을 모색하고 다양한 현안과 정책에 대한 공동연구 및 공동대응 등 여성의원들의 역량강화와 함께 모범적인 정책 플랫폼을 만들어 가자는 의미에서 공식 출범하게 됐다. 이날 회의는 위촉장 수여와 경과보고 및 특강 순으로 진행됐다. 국회 정춘숙 여성가족위원회 위원장이 "왜 성평등이어야 하는가"라는 주제로 첫 번째 강의를, "경기도 양성평등정책 및 성인지 예산"이라는 실무적인 주제로 보건복지위원회 왕성옥 의원이 두 번째 강의를 진행했다.

문경희 부의장은 "코로나19로 창립총회 및 발대식은 다소 미미하게 시작됐지만 '시작이 반'이라고 의원님들과 함께 파트너가 되어 앞으로 더욱 많은 일들을 이뤄낼 수 있도록 열심히 노력하겠다"고 말했다. 이날 행사를 축하해 주기 위해 장현국 의장(민주당, 수원7), 진용복 부의장(민주당, 용인3), 박근철 대표의원(민주당, 의왕1), 이재강 평화부지사가 참여했다.

공군 중사 사건 진상조사 및 재발방지 대책 촉구

경기도의회 여성의원협의회는 7일 기자회견을 열고 '성추행 피해 부사관 사망사건' 관련 국회와 정부에 철저한 진상 조사와 재발방지 대책 마련을 촉구했다. 또한 기자회견 후 경기 성남국군수도병원에 마련된 고ᵗᵗ 이 모 부사관 추모소를 찾아 조문했다.

문경희 경기도의회 여성의원협의회 회장은 "주변의 무관심 속에서 외롭게 극단적인 선택을 한 공군 여성 부사관에 대해 삼가 명복을 빈다"며 "성추행의 경우 가해자보다 피해자가 더한 수치심을 겪어야 하는 우리사회의 현실에서 더 이상 성범죄 없는 사회를 만들기 위해 경기도의회 여성의원협의회는 격려와 연대의 마음으로 함께할 것"이라고 말했다.

한편 경기도의회 여성의원협의회는 성인지·성폭력예방 교육활동 등 젠더이슈에 대한 적극적 참여와 정책발굴을 위해 다양한 활동을 이어가고 있다. 한편 기자회견과 조문에는 권정선, 김직란, 박옥분, 서현옥, 손희정, 안혜영, 원미정, 이애형, 이혜원, 전승희, 천영미, 한미림 도의원이 함께했다.

경기여성네트워크로 성평등 정책 확산

경기도의회 문경희 부의장(더불어민주당, 남양주2)은 지난 23일 수원 밸류하이엔드 호텔에서 열린 '경기여성네트워크 경기여성활동가 워크숍'에 참여해 격려했다.

문경희 부의장은 "올해 경기여성네트워크가 경기여성단체들과 도의회 내 여성의원들간의 협력과 소통을 도모한지 10주년이 됐다"며, "10년을 넘어서는 시점에서 현장의 서사를 담은 '정치' 이야기를 할 공간으로 경기여성네트워크가 플랫폼이 될 수 있기를 바라며, 이를 토대로 포스트코로나 시대를 슬기롭게 살아가기 위한 지혜와 여성들의 불평등을 해소할 정책 마련의 발판이 될 것이라고 믿는다"고 밝혔다.

경기여성정책네트워크는 2010년 지방선거를 마치고, 2010년 12월 경기도여성의원 19명과 (사)경기도여성단체협의회, 경기여성연대, 경기여성단체연합, 경기자주여성연대가 함께 성평등한 경기도정 실현을 위해 발족했다. 이날 행사에는 경기도의회 안혜영(더민주, 수원11), 원미정(더민주, 안산8), 정윤경(더민주, 군포1), 김은주(더민주, 비례) 의원을 비롯하여 최순영 경기여성연대 대표, 이정아 경기여성단체연합 상임대표, 이은정 경기자주여성연대 대표, 김민정 경기도여성단체협의회 사무처장 등 지역 여성활동가 40여 명이 참석했다.

중부일보 | 2021. 03. 08

김유임 청와대 여성가족비서관과 정책정담회

문경희 경기도의회 부의장(더불어민주당, 남양주2)이 8일 '3·8 세계 여성의 날'을 맞아 김유임 청와대 여성가족비서관과 정담회를 갖고 여성정책 강화 방안을 논의했다. 부의장 접견실에서 진행된 이날 정담회에는 김경희(민주당, 고양6)·전승희(민주당, 비례) 도의원도 함께했으며, 이날 참석자들은 ▶여성 인권 강화 ▶장애여성기본법 제정 ▶아동학대 예방 인식 교육 강화에 공감대를 형성했다.

도의원들은 신종 코로나바이러스 감염증(코로나19) 장기화 속에 여성의 가사·돌봄 노동 부담은 증가하고 있지만 고용쇼크로 인한 휴직·해고 대상에 여성이 먼저 들고 장애 여성이 더욱 소외되는 등 여성 인권이 악화되고 있다고 지적했다.

문경희 부의장은 "세계 여성의 날을 맞아 여성에 대한 부당한 차별과 어려움을 개선하는 정책이 적극 추진되길 기대한다"며 "여성들이 지역사회의 일원으로 존중받고 당당하게 살아갈 수 있는 사회가 되도록 도의회 역시 최선을 다하겠다"고 말했다.

중부일보 | 2021. 03. 04.

'디지털 성범죄피해자 원스톱지원센터' 개소식

경기도의회 문경희 부의장(더민주, 남양주2)은 3일 인재개발원 도서관 3층에서 열린 '경기도 디지털 성범죄피해자 원스톱지원센터' 개소식에 참석했다. 지원센터는 디지털 성범죄에 선제적으로 대응하고, 피해자 관점에서 피해자를 빈틈없이 지원하는 역할을 하는 곳으로 17개 광역지자체 중 최초 설립된 기관이다.

문경희 부의장은 "가해자 엄벌과 피해자 적극 보호가 중요한 만큼 특히 피해자 보호에 주력하는 기관으로 자리매김할 수 있도록 힘써 달라"며 "디지털성범죄 피해 예방과 근절, 폭력 피해자에 대한 지원을 위해 안전하고 모두가 안심할 수 있는 사회를 만드는데 기여할 수 있도록 최선을 다하겠다"고 말했다.

이날 개소식에는 도의회 박창순 여가평교위원장, 유영호·이진연·장태환·조성환 위원, 관련 조례를 발의한 박옥분 의원, 조영숙 경기여성단체연합 공동대표, 이순늠 경기도 여성가족국장, 정정옥 경기도여성가족재단 대표이사, 경찰청 관계자 등이 참석했다.

비전 7 | **민주주의**

"민주, 평화는 더 좋은 우리 삶의 토대"

앞서 '나의 삶-경희 이야기'에서 저는 현대시대의 민주주의에 대한 저의 생각을 말씀드린 바가 있습니다. 따라서 여기에서는 원론적인 민주주의의 대해, 그리고 우리 지역 마석 모란공원과 외국 이주민들과 한센인들이 거주하는 우리지역 성생공단이야기를 하고 싶습니다.

민주주의의 근본이념은 '인간존중'입니다. 그리고 '자유'이고 '평등'입니다. 그래서 인간은 인간이라는 그 자체만으로 존중받을 가치가 있으며, 그것은 성별, 신체적 조건, 사회적 지위 등과 관계없이 모든 사람에게 동일하게 적용되어야 하는 절대적인 가치입니다. 다시 말해서, 장애인이든 노인이든 어린이든 상관없이 인간으로서 존중받아야 하며; 여성이든 남성이든, 지위가 높건 낮건 상관없이 인간이라면 존중받아야 한다는 것입니다.

우리 주변을 보면 코리안 드림을 꿈꾸며 우리나라에 와서 살고 있는 다문화 가정의 한국 국적 이주민을 포함하여 많은 이주민들이 살고 있습니다. 인간존중이라는 민주주의의 근본이념에 비추어볼 때, 내국인이든 외국인이든 그 누구라도 인간으로서 존중받아야 하며 그래서 그들의 인권도 존중되어야 합니다.

이 순수한 가치를 지켜내기 위해 우리나라를 비롯한 세계 여러 민주주의 국가들은 피의 역사를 가지고 있습니다. 우리가 지금 누리는 민주주의, 자유, 그리고 평등은 거저 얻어진 것이 아니라 그 가치를 지켜내기 위한 누군가의 처절한 희생이 있었기 때문에 가능한 것입니다.

우리 동네 마석 모란공원에는 민주화열사 묘역이 있습니다. 여기에는 누구나 들으면 알 만한 박종철, 문익환, 전태일 등 정부가 인정하는 24명의 민주열사를 포함하여 150여 분의 대한민국 민주화 역사의 희생자들이 잠들어 계십니다.

우리나라의 민주주의는 그런 분들이 목숨과 바꾸어 지켜낸 가치입니다. 이런 분들이 우리 옆에 누워계시는 덕분에 누리는 이 자유로운 세상에 대해 한 번 더 생각해보면, 이 분들에 대한 고마움 그리고 함께하지 못한 미안함이 절로 우러나옵니다.

그런데 150분 중에 24분은 민주화 희생자로 인정받아 국가 지원을 받지만 나머지 분들은 민주열사로 인정조차 받지 못해 묘역에 관리비 체납 딱지가 붙어 있습니다. 저는 그런 분들이 사후에라도 제대로 공로를 인정받도록 해야겠다고 생각하여 민주화운동 관련자를 위한 '민주화 보상법' 개정 촉구안을 발의했습니다. 이 과정에서 안타까워하고 함께 해결책을 찾기 위해 매월 2회씩 열사묘역을 돌보며 애써준 시민사회단체 '모란공원 사람들' 활동가들께도 감사의 마음을 표하고 싶습니다.

또 하나의 아픈 손가락은 우리 지역 성생공단입니다. 그곳은 이주 외국인 노동자들이 함께 일하며 거주하는 곳입니다. 또한 국가로부터 강제 거세를 당하고 인권을 유린당했던 한센인들이 거주하는 곳이기도 합니다. 제가 당시 동료였던 이재준 의원(현 고양시장)과 '이주민 인권지원 조례'를 만들기 위해 찾아간 곳은 성생공단 내에 위치한 외국인 복지센터였습니다.

그곳에서 이주외국인 노동자들의 인권을 위해 외국인 복지 센터장으로 오랫동안 일하신 이정호 신부님을 뵙고, 조례의 내용에 대해 자문을 구하기 위해서였습니다. 이정호 신부님 덕분에 조례는 무사히 제정되었고, 그 결과 경기도에 '외국인 인권지원 센터'가 설립되었습니다.

그 일이 인연이 되어 지금까지 이정호 신부님은 저의 복지 멘토입니다. 이 책을 빌려 이정호 신부님께 감사의 마음을 한 번 더 표현하고 싶습니다.

"신부님, 감사합니다. 덕분에 우리 사회의 약자들을 위해 기울어진 저울로 세상을 볼 수 있는 눈을 갖게 되었어요."

우리 화도지역 성생공단에는 이주 외국인 노동자들과 함께 한센인 어르신이 꽤 많이 계십니다. 이 분들이 모여 계신 노인복지관 및 거주시설 증축을 위해 많은 분들과 함께 일한 기억이 있습니다. 어르신들은 명절 때나 특별한 날에 인사드리러 가면 그렇게들 좋아하실 수 없습니다.

그 과정에서 저는 이러한 인간존중, 인권존중의 가치관이 우리 일상을 통해 어릴 때부터 자연스럽게 싹틀 수 있는 환경을 만들어 나가야겠다고 생각하게 되었습니다. 그래서 '경기교육청 학교 민주시민교육 조례'

를 만들기로 결심했고, 민주시민 교육관계자들과의 토론회를 거쳐 조례가 제정되었습니다. 지금 이 조례를 근거로 경기도 교육청 산하 각 학교에서는 우리 학생들을 대상으로 민주시민교육이 잘 진행되고 있다고 관계자들로부터 전해 듣고 있습니다.

저 역시 틈틈이 의회에서 진행하는 '청소년 의회 교실' 등에 참석하여 우리 학생들이 민주시민으로서의 역량을 잘 키워가고 있는지 지켜보기도 합니다.

또한 지금의 대한민국이 있기까지 일제에 항거하신 독립유공자, 6.25전쟁에 참전하여 나라를 지키신 참전유공자분들을 기리는 것 또한 잊지 않아야겠다고 생각합니다.

저의 활동들이 좋은 선례가 되기를 바라며, 이후의 내용은 그동안 민주주의 가치를 지키기 위해 일해 온 내용들을 담아 보았습니다.

한겨레 | 2019. 06. 10

모란공원 열사묘역 관리비 '체납 딱지'

10일 경기도 마석 모란공원 민주열사묘역. 한 묘역에 '위 묘소는 관리비가 미납되었습니다. 묘지 관리에 어려움이 있사오니, 조속히 납부하여 주시길 바랍니다. 감사합니다'라고 적힌 묘지관리점검표가 붙어 있다.

민주열사묘역 끝단 오른쪽에 안치된 이 묘역의 주인은 문송면 열사다. 문 열사는 14살 때인 1987년 서울 양평동의 한 온도계 공장에 입사해 일한 지 2달 만에 수은에 중독됐고, 6개월 투병 끝에 15살의 나이로 숨졌다. 하루 11시간 동안 압력계 커버를 시너로 세척하고 온도계에 수은을 주입하는 작업 등을 했다가 중독됐다. 당시 노동부는 산업재해 신청을 반려했다가, 비판이 제기된 뒤에야 승인했다.

문 열사의 묘역에서 몇 걸음 떨어지지 않은 김상원 열사의 묘역에도 마찬가지로 같은 문구가 적힌 묘지관리점검표가 붙어 있었다. 김 열사는 1986년 3월 10일 대규모 노동자 집회에 참여했다가 돌아가는 길에 경찰관에게 불심검문을 당했고, 이를 거부했다가 파출소로 연행돼 전신폭행을 당해 식물인간이 됐다. 이후 77일 동안 중환자실에서 투병한 끝에 1986년 5월, 33살의 나이로 운명했다.

민주화운동 희생자들이 잠들어 있는 경기도 마석 모란공원 민주열사묘역에 관리비를 제때 내지 못해 '체납딱지'가 붙은 묘역이 10%에 달하는 것으로 확인됐다. 이날은 6·10민주항쟁이 일어난 지 32년이 되는 날이다. 마석 모란공원과 '모란공원을 사랑하는 사람들'의 설명을 종합하면, 현재 모란공원에 있는 민주열사 150명의 묘역 가운데 관리비를 못 내 '체납딱지'인 묘지관리점검표가 붙어 있는 묘역은 모두 15곳이다.

마석 모란공원은 1966년 설립된 사설 묘지로 ㈜한국공원개발이 관리·운영한다. 모란공원 관계자는 "3년 동안 관리비를 내지 않은 묘지를 대상으로 연락이 전화나 우편으로 안 될 경우 '알림' 차원에서 딱지를 붙인다"고 설명했다. 이 관계자는 "가족이 돌아가셔서 연락처가 없거나 가족들이 국외로 나간 경우 관리비를 받을 수 없다"며 "유가족 연락처를 조회하고 싶지만, 개인정보보호법 위반으로 찾을 수 없어 딱지를 붙이는 수밖에 없다"고 덧붙였다.

마석 모란공원 묘역의 1년 관리비는 기본 $23m^2$ 기준 8만 4,000원이다. 관리비 체납이 계속되면, 모란공원 쪽은 체납 사실을 신문에 공고하고, 이후 묘지를 파서 화장한 뒤 납골당에 안치할 수 있다. 모란공원 관계자는 "현재까지는 특별한 조처를 할 계획이 없다"고 말했다.

모란공원에는 모두 1만 2,000곳의 묘역이 있다. 이 가운데 민주열사 묘역은 150곳으로 꼽히는데, 이 중 박종철, 전태일 등 정부가 인정한 '민주화운동 관련자'는 모두 24명이다. 24명의 묘역 중에서 유족 등의 신청을 받은 22명에 대해서는 2016년부터 경기도가 관리비를 지급하고 있다. 경기도 자치행정과 관계자는 "경기도가 열사의 유가족 등 관련자들에게 우편물을 보내고 공고를 내서 관리비 지원 신청을 받았는데, 24명 가운데 22명의 유가족이 신청했다"며 "올해는 관리비에 더해 봉분 보수

경기 남양주시 마석모란공원 문송면 열사 묘역에 '관리비 미납' 체납 딱지가 붙어 있다.

비 등까지 1천만 원을 지원할 계획"이라고 설명했다.

하지만 관리비가 체납된 15명의 민주열사 가운데 13명은 정부로부터 인정을 받지 못한 민주열사다. 이들은 경기도나 정부로부터도 별다른 지원을 받지 못한다. 경기도 관계자는 "모란공원에 워낙 열사들이 많이 있는데, '민주화운동 관련자'가 아닌 사람들까지 다 지원할 수가 없다"고 말했다. 행정안전부 또한 개별 묘역에 대한 관리비 지급은 하지 못한다고 밝혔다. 행정안전부 관계자는 "다만, '마석모란공원 민주화운동 희생자 묘역 정비사업'으로 2억 원의 예산 가운데 1억 8400만 원 정도를 지원했다"며 "쉼터나 안전대, 화장실 설치 등 편의시설 정비나 안내기구표, 리플렛 제작 등이 주된 지원 내용"이라고 밝혔다.

현행법상 '민주화운동 관련자'가 되기 위한 조건은 정부가 정한 '민주화운동'에 참여한 사람 가운데 민주화운동 관련자 명예회복 및 보상 심의위원회에서 심의·결정된 사람이다. 민주화운동기념사업회법 제2조를 보면, '민주화운동'은 △2·28대구민주화운동 △3·8대전민주의거 △3·15의거 △4·19혁명 △6·3한일회담 반대운동 △3선개헌 반대운동 △유신헌법 반대운동 △부·마항쟁 △광주민주화운동 및 6·10항쟁 등으로 한정돼 있다. 산업재해나 불심검문 등으로 민주묘역에 잠든 문송면 열사와 김상원 열사가 정부에서 '민주화운동 관련자'로 인정받지 못한 이유다.

'모란공원을 사랑하는 사람들'에서 한 달에 두 번 공원 묘역을 관리하는 활동가 김기문 씨는 "정부에서 열사로 인정한 사람과 아닌 사람 간 지원의 차이가 크다"며 "묘역 청소 등 봉사를 갈 때마다 체납딱지가 붙은 민주화 열사 묘역을 보면 마음이 아프지만, 봉사단체가 해결할 방법이 없다"고 안타까움을 드러냈다.

문경희 경기도 의원(더불어민주당)은 "모란공원에 안장된 민주화 열사 중 정면에 나서서 누구나 아는 분들은 당연히 관리비 지원이 되는데, 그 열사와 함께 일했거나 공로를 인정받지 못한 분들은 관리비가 체납된 분들이 많다"며 "전태일 열사의 어머니인 이소선 씨가 생전에 '우리는 충분히 사람들이 알아주고 지원도 받는데, 그렇지 못하는 분들을 안고 가지 못해 마음이 아프다. 저분들도 함께 도와줄 수 있었으면 좋겠다'고 안타까워하셨던 말이 맴돈다"고 말했다. 문 의원은 "현행법상 특정 민주화운동에 참여한 관련자들만 한정해 지원하는 제도를 바꿔 대상자를 확대해야 한다"고 강조했다.

경인일보 | 2017. 09. 20

민주열사 묘지 관리 봉사자들 창립총회

대한민국의 민주화를 위해 헌신하다 숨을 거둔 민주열사 등의 묘지 등을 관리하고 봉사하는 사람들이 창립총회를 갖고 힘을 모아 활동을 전개하기로 했다. 지난 16일 '모란공원사람들'이 남양주시 화도읍 화도 농협 2층에서 창립총회를 개최하고 본격적인 활동에 들어간 것.

남양주시 화도읍에 위치한 모란공원은 통일운동, 민주화운동, 노동 운동, 학생운동, 조작된 공안사건으로 사형, 공안기관의 고문으로 사망, 의문사, 산업재해 등으로 희생된 약 150여 명이 묻혀 있다. 특히, 전태일, 문익환, 조정래, 박종철, 김근태 등 일부를 제외한 많은 묘역에 관리비 채납 안내문이 붙어있어, 가난하고 어려운 삶속에서도 우리나라의 민주 주의를 위해 자신을 희생하신 분들의 묘역을 보는 이들의 안타까움을 자아낸다.

이번 모임창립은 2003년 문익환 목사 안장 후 이항규 선생이 홀로 봉사해오던 모습을 본 일부 지역주민들이 함께 동참하면서 '모란공원사 람들' 단체로 설립됐다는 데 의미가 있다. 이번에 창립에 참여한 사람들 은 묘역정비. 관리 추모를 통한 희생자의 뜻 기리기, 문화제 개최 등 정 기적인 활동을 하면서 15년 동안 봉사를 이어오고 있다.

창립총회에 참석한 김한정 국회의원은 "'모란공원사람들'의 취지에

문재인 대통령을 비롯하여 국회의원들도 많은 관심을 보이고 있다"고 말하며 "'모란공원'이 전 국민이 찾아오는, 민주주의를 기리는 터로 만들어가는데 힘을 다하겠다"고 강조했다.

한편, 이날 창립총회에서는 박주민 국회의원, 문경희 도의원, 김거성 목사, 한상현 선생, 이정호 신부, 박종철 열사 형 박종부 선생 등이 자문위원으로 위촉됐다.

이날 문경희 의원은 축사를 통해 "민주화운동 관련자 보상 및 지원 확대를 위한 '민주화운동 보상법' 개정 촉구 건의안을 경기도의회에 대표 발의하였고 '모란공원사람들' 활동에 적극 협조하여 민주화를 위해 희생하신 분들의 넋을 기릴 수 있도록 최선을 다하겠다"고 말했다.

폴리뉴스 | 2017. 10. 25

민주화운동관련자 보상 및 지원확대 촉구

경기도의회 보건복지위원회 문경희 의원(더민주, 남양주2)이 대표 발의한 '민주화운동관련자 보상 및 지원확대를 위한 「민주화보상법」 개정 촉구건의안'이 23일, 제323회 임시회 제1차 안전행정위원회에서 통과되었다.

문경희 의원이 대표 발의한 건의안은 「민주화운동 관련자 명예회복 및 보상 등에 관한 법률」(이하 「민주화보상법」)의 적용대상을 확대하고 민주화운동 관련자에 대한 금전적 보상뿐만 아니라 이들의 정신을 기념하고 보존하는 사업이 다양하게 이루어질 수 있도록 「민주화보상법」의 개정을 촉구하는 것이다.

문경희 의원은 현행 「민주화보상법」은 그 적용대상을 민주화 운동과 관련하여 사망하거나 행방불명된 사람, 상이(傷痍)를 입은 사람, 질병을 앓거나 그 후유증으로 사망한 것으로 인정되는 사람, 유죄판결을 받은 사람 등으로 지나치게 축소함으로써 여전히 많은 민주화 운동가들이 정당한 보상을 받지 못하고 있음을 지적했다. 또한 현행법은 민주화운동 관련자에 대하여 금전적 보상을 위주로 지원하여 자칫 민주화운동의 숭고한 정신과 가치가 훼손되는 사태가 발생할 수 있음을 우려했다.

이에 현행법상의 민주화운동 관련자를 유죄판결을 받은 사람뿐만 아니라 국가권력으로부터 피해를 받았으나 미처 발굴하지 못한 피해자까지 그 대상을 확대할 필요가 있으며, 금전적 보상 외에도 민주화운동 정신의 시대적·역사적 가치가 후대에 계승될 수 있도록 다양하고 구체적인 기념사업의 내용이 담긴 「민주화보상법」의 개정을 강력하게 건의했다.

한편, 문경희 의원은 국가 권력에 의해 자행된 폭력과 고문으로 고통 받은 사람 중 적절한 보상이 이루어진 사람의 비율이 얼마나 되는지, 민주화운동 관련자에 대한 명예회복 후속조치가 제대로 이루어졌는지에 대하여 국가의 철저한 검증과 관심이 있을 때 비로소 권위주의에 대한 청산과 민주화운동에 대한 사회적 인식이 제고될 것임을 강조했다.

연합뉴스 | 2011. 08. 24

'이주민 인권지원 조례' 추진

경기도의회 이재준·원미정·문경희 의원은 24일 '경기도 이주민 인권 지원에 관한 조례안'을 발의할 계획이라고 밝혔다. 조례안은 도지사가 이주민의 인권지원 업무를 전담하는 '이주민 인권지원센터'를 설치·운영하고 인권침해 시 법률상담지원, 언어지원, 정보제공, 안전쉼터 등 편의를 제공하도록 하고 있다. 또 이주민 인권지원센터가 이주민의 건강권 침해, 임금체불, 산업재해 등의 피해에 대해 적극적으로 실태를 파악하고 필요한 조치를 마련하도록 규정하고 있다. 이 밖에 이주민의 인권 보호와 증진에 관한 종합적인 기본계획을 2년마다 수립·시행하도록 하고 있다.

조례안은 이주민의 인권 증진에 관한 사항을 심의·자문하기 위해 부지사를 위원장으로 하는 13인 이내의 이주민인권증진위원회를 구성할 수 있도록 하는 내용도 담고 있다. 이번 조례안은 다음 달 16~26일 열리는 도의회 제261회 임시회에서 심의될 예정이다.

서울신문 | 2020. 07. 23

외국인복지센터 민관협력정책네트워크 포럼

경기도의회 문경희 부의장(더불어민주당. 남양주2)은 23일(목) 남양주시 외국인복지센터에서 열린 '민관협력정책 네트워크 2차 포럼'에 참석해, 축하의 메시지를 전했다.

문경희 부의장은 "21세기 다문화사회로의 전환은 세계적인 '흐름'이 었을 뿐만 아니라, 우리의 '선택'이었다"면서, "사회의 각 부문에서 활동 하고 있는 이주민들은 대한민국의 당당한 구성원이자, 자랑스러운 경기 도민"이라고 밝혔다.

이어, "우리 역시 인종차별의 뼈아픈 이민사를 가지고 있는 만큼, 어 떠한 이유에서도 국적, 피부색, 언어의 '차이'가, '차별'의 이유가 될 수 없다."고 말하며, "다문화 가정의 안정적인 사회정착과, 이주 노동자의 안 전한 노동환경을 보장하는 것은, 대한민국의 국제적 위상과도 직결되는 문제"라고 강조했다.

마지막으로 문경희 부의장은 "경기도의회는 다문화 사회에 대한 도 민 이해를 높이고, 관계 기관 종사자들이 자긍심을 가지고 일할 수 있 도록 근무여건 개선을 위해 노력하겠다."면서, "경기도가 외국인 정책을 선도하고, 대한민국이 포용국가로 나아가는 소중한 마중물 역할을 할 수 있도록 함께해 달라"고 당부했다.

　　경기도외국인인권지원센터가 주최한 오늘 포럼에는 주제발표를 맡은 이영 남양주외국인복지센터장을 비롯한 6개 시·군 외국인복지센터장과 사회복지사, 시·군 관계 공무원 등 50여 명이 참석했다.

학교민주시민교육 진흥 조례 공청회 개최

경기도의회 교육위원회 문경희 의원(새정치연합, 남양주2)이 주최한 경기도교육청 학교민주시민교육 진흥 조례 공청회가 지난 18일 오후 4시, 경기도의회 대회의실에서 도의원, 경기교육 관계자, 시민단체 관계자, 학교 교사 등 100여 명이 참석한 가운데 진행됐다.

이날 행사에서 강득구 경기도의회 의장과 김주성 교육위원장의 축사에 이어 문경희 의원이 이 공청회를 개최하게 된 계기와 경위를 설명했다. 의정활동을 하면서 민주시민교육에 관심을 갖고 그 조례 제정의 필요성을 절감하면서 오랜 준비를 거쳐 이번에 조례를 제안하게 됐음을 밝히면서, 공청회와 향후 입법예고를 통해 더욱 다양한 견해를 수용해 최종안을 마련해 오는 1월 23일 조례안을 접수해 2월 회기에 상임위와 본회의 통과를 목표로 조례제정을 진행하겠다는 일정도 소개했다.

경기도교육청 학교민주시민교육 조례의 의의와 내용으로 홍승구 이사(흥사단)의 기조발제가 있은 후, 학교민주시민교육과 조례의 필요성에 대해 김원태 교사(모락고)의 기조발제가 이어졌다. 이후 김유임 경기도의회 부의장과 박승원 교육위원회 의원의 토론, 심광섭 장학관(경기도교육청 민주시민교육과), 박선영 교수(한국체대 스포츠청소년지도학과), 장경훈 교사(당동초)의 토론이 이어졌고 청중석에서도 많은 질의와 토론이 있었다.

특히, 기조발제 과정에서는 미국 시민교육센터의 찰스 퀴글리 총장의 "시민지식, 시민기능, 시민덕성" 3개의 구성요소가 소개되고, 1985년부터 시민교과목을 채택한 프랑스, 1997년 이후 시민교육 교과목을 채택한 영국, '정치교육'으로 행해지는 독일의 교육내용 중 '보이텔스 바흐 합의(1976)'보다 자세한 내용은 첨부한 자료집 54페이지 참조에 대한 소개는 매우 신선했다.

김주성 교육위원장은 향후 "이 조례 제정을 통해 경기교육이 민주시민교육에 더욱 관심을 갖는 계기가 될 수 있도록 조례 제정의 조력자 역할을 하겠다"는 의지를 밝혔다.

경인매일 | 2021. 10. 19

청소년 의회교실 참석, 어린이도의원 격려

경기도의회 문경희 부의장(더민주, 남양주2)은 19일 경기도의회 본회의장에서 열린 제24회 온라인 청소년 의회교실 수료식에 참석해 어린이도의원들을 격려했다. 이날 열린 청소년 의회교실에는 남양주 관내에 소재한 송라초등학교 학생 25명 등이 코로나19로 인해 비대면 온라인으로 참석했다.

문경희 부의장은 "경기도의회에서 실제로 진행되는 본회의 과정을 경험하고, 이를 통해 다수결의 원칙과 소통을 배우는 의미 있는 시간이 되길 바란다. 청소년의 행복한 삶과 여러분의 꿈을 펼칠 수 있도록 열심히 뛰고, 여러분 곁에서 항상 응원하겠다."고 전했다.

청소년 의회교실은 청소년들이 의회 체험으로 지방의회의 역할과 기능을 이해하고, 성숙한 민주시민으로서의 소양과 자질 함양을 도모하고자 경기도의회에서 매년 운영하고 있는 프로그램이다. 개회식을 시작으로 ▲도의원 선서 ▲모의회의 ▲도전 골든벨 퀴즈 ▲수료식 순으로 실시됐다. 이어 모의회의에서 '학교 내 학생 스마트폰 사용제한'을 주제로 서로의 합의점을 찾기 위한 찬반토론, 표결 등 학생들의 호응 속에서 진행되었다.

경기도의회 문경희 부의장이 경기도의회 본회의장에서 열린 제24회 온라인 청소년 의회교실 수료식에 참석해 어린이도의원들을 격려했다.(사진제공: 경기도의회)

'미얀마 민주주의 회복 응원 챌린지'

경기도의회 문경희 부의장(더민주, 남양주2)은 19일 '미얀마 민주주의 회복 응원 챌린지' 릴레이 캠페인에 동참했다.

이번 챌린지는 올해 2월 미얀마 군부가 쿠데타를 일으키며 선포한 비상사태에 불복해 쿠데타와 맞서 싸우고 있는 미얀마 국민에게 연대와 지지를 보내기 위해 진행되고 있다.

문경희 부의장은 "같은 하늘 아래 살면서 지구상에 이런 일이 생긴다는 것이 안타깝다"며 "항쟁에 나선 선량한 시민들을 국가를 전복시키려는 세력으로 규정하고 폭력을 가하는 군부에 맞서고 있는 미얀마 국민의 민주화 노력을 지지한다"는 응원의 메시지를 전했다.

박정 더불어민주당 경기도당위원장, 안승남 구리시장의 지명을 받은 문경희 부의장은 다음 참가자로 박은경 안산시의회 의장, 안희경 용인시의회 의원, 박혜옥 포천시의회 의원을 지목해 '미얀마 민주주의 회복 응원 챌린지' 릴레이 참여를 요청했다.

문경희 부의장, 미얀마 민주주의 회복 응원 챌린지 동참(사진제공: 경기도의회)

종전선언 촉구 1인 시위

문경희 경기도의회 부의장(더민주, 남양주2)은 7월 27일 주한미국대사관 앞 광화문광장에서 종전선언 촉구를 위한 1인 릴레이 시위에 동참했다.

이번 1인 릴레이 시위는 남북정전협정 체결 68주년을 맞아, 경기도의회 남북교류추진특별위원회 위원들이 '종전선언 촉구'에 대한 의지를 천명하고자 지난 21일부터 오늘 27일까지 5일 간(토·일 제외) 시위를 진행했다.

문경희 부의장은 '휴전에서 평화로, 한국전쟁을 끝냅시다!End the war, Settle Peace!'라는 문구가 담긴 팻말을 들고 "종전선언을 통해 오랜 시간 지속된 남북 간 적대관계를 청산하고, 항구적인 한반도 평화체제 구축을 통해 새로운 화합과 평화의 시대를 함께 가길 희망한다"고 말했다.

경인종합일보 | 2019. 03. 10

남양주시 유일 생존 애국지사 위문

경기도의회 문경희 의원(건교위, 남양주2)과 윤용수 의원(경제위, 남양주3)은 지난 8일 '3·1운동 및 대한민국 임시정부 수립 100주년'을 맞아 남양주시에서 유일하게 생존해 계신 애국지사 이준호 옹(翁)을 위문했다.

애국지사 이준호 옹은 문화중학원 재학 중이었던 1943년 10월 학우들을 규합해 항일운동을 주도하다가 피체되어 옥고(1945년 2월 4년형 언도)를 치르다가 광복을 맞이했다. 정부에서는 이러한 공훈을 기려 1983년 대통령표창을 수여했고, 1990년에는 훈격을 높여 건국훈장 애족장에 서훈했다.

문경희 의원은 "지금의 대한민국이 있기까지 조국을 위해 헌신하신 애국지사들과 그 가족의 희생으로 우리 후손들이 지금의 자유와 평화를 누리고 살고 있다"라며 존경과 감사의 마음을 담아 준비한 감사패와 기념품을 전달했다. 이어 윤용수 의원은 "애국지사님이 지켜낸 이 땅에 평화와 번영이 정착할 수 있도록 최선을 다하겠다"라고 밝혔다.

경인종합일보 | 2017. 09. 21

월남전 참전 유공자 지원 관련 상담

경기도의회 문경희 의원(더불어민주당, 남양주2)은 지난 20일 경기도의회 남양주 상담소에서 대한민국월남전참전자회 남양주시지회 김준영 회장 및 회원들과 월남전 참전 유공자 지원에 대해 상담하는 자리를 가졌다. 김준영 회장과 회원들은 "파병으로 벌어들인 외화의 대부분이 국내 송금돼 조국 근대화를 앞당기는 밑거름이 되었지만, 참전유공자들은 고엽제 피해자로 그 고통이 자손에게 대물림되고 있다. 조국을 위한 희생에 대해 충분한 인정을 받지 못하고 있다."며 참전유공자 지원을 강화해 줄 것을 요청했다.

이에 문경희 의원은 "청춘을 나라에 바치고 이제 고령이 되신 참전유공자들의 희생에 깊이 공감하며, 지난 8·15 광복절 경축사에서 대통령께서 말씀하신 바와 같이 국가유공자들의 희생과 헌신에 보답하기 위해 노력하겠다."고 화답했다. 현재 문경희 의원은 6·25참전유공자 및 월남전참전유공자들의 복지를 위해 참전명예수당 인상을 집행부와 논의 중에 있다.

비전 8 | **경제**

"사회적경제 활성화는 함께 잘살아보자는 것"

'사회적경제'라는 용어가 사회적으로 통용되기 시작한 시기는 제법 오래됐습니다. 지금으로부터 약 15년 전부터 관련법의 제정이 논의됐을 정도니, 그 역사가 짧다고는 할 수 없을 것입니다. 하지만 아직까지도 개념은 생소하고, 어떻게 탄생했는지에 대해서도 잘 모릅니다. 또, 구체적으로 어떤 일들을 하며 그 효과에는 무엇이 있는지에 대해서도 낯선 편입니다.

간단하게 정리하면 사회적경제는 우리 사회에 만연해 있는 양극화를 해소하고 일자리를 창출하는 등 공동이익과 사회적 가치의 실현을 위해 태생한 개념이라 할 수 있습니다. 나아가 사회적 경제조직이 상호협력과 사회연대를 바탕으로 사업체를 통해 수행하는 모든 경제적 활동을 의미하기도 합니다. 특히, 자본주의 시장경제에서 드러나는 문제를 해결하고 일자리, 주거, 육아, 교육 등 인간 생애와 관련된 영역에서 경쟁과 이윤을 넘어 상생과 나눔의 삶의 방식을 실현한다는 목표를 제시하고 있습니다. 즉, 사회적경제는 혼합 경제 및 시장경제를 기반으로 두지만 '사회적 가치'를 우위에 두는 경제활동이라 할 수 있습니다. 이 때문에 '사회적경제'를 '사람 중심의 경제'라고도 합니다.

위키백과를 통해 확인한 사회적경제의 개념은 나라마다, 제도마다 다릅니다. 사회적경제가 발달한 지역에서는 법 혹은 공신력 있는 기구가 정의내린 개념을 주로 사용합니다. 그러나 여기에도 공통 원칙은 있습니다. 사회적경제는 △민주적 의사결정 △사회적 목적의 추구 △지분에 근거하지 않은 경제적 성과 배분의 원리 △국가로부터의 독립성을 운영원칙으로 하는 경제주체가 만든다는 점입니다.

사회적경제는 자본주의 시장경제가 발전하면서 나타난 불평등과 빈부격차, 환경파괴 등 다양한 사회문제에 대한 대안으로 등장했습니다. 1800년대 초 유럽과 미국에서는 협동조합, 사회적기업, 상호부조조합, '커뮤니티 비즈니스'Community Business 형태로, 우리 한반도에서는 1920년대 농민협동조합, 도시 빈곤층의 두레조합 형태로 나타났고, 이후 1960년대에 시작된 신용협동조합 운동, 1980년대 생활협동조합 운동이 일어나기도 했습니다. 여기서 농협, 신협 등의 단어는 익숙할 것이고 두레 조합에 대해서도 들어본 분들이 많을 것으로 생각됩니다.

이어 1997년 외환위기 이후에는 구조화된 실업문제, 고용불안, 심화되는 빈부격차, 쇠락하는 지역의 문제를 해결하기 위해 자활기업, 사회적기업, 마을기업, 자활기업협동조합 등을 필두로 하는 '사회적경제론'이 높아졌습니다. 그리고 드디어 지난 2007년 '사회적기업육성법'이 제정·발효됐습니다.

지난 2014년 5월부터 시행 중인 서울시 사회적경제 기본조례 제4조는 이렇게 정의하고 있습니다.

"사회적경제기업은 조직의 주된 목적이 사회적 가치를 실현하거나, 민주적이고 참여적인 의사결정 구조 및 관리 형태를 통해 개인과 공동체의 역량을 강화하며, 주로 구성원이 수행하는 업무나 서비스, 활동을 토대로 하는 경제활동에서 획득되는 결과를 구성원이나 사회적 가치 실현에 사용하거나 그 수익을 자본보다는 사람과 노동에 우선하여 배분한다. 또한 경영의 투명성과 윤리성을 준수한다".

어쩌면 너무 추상적이고 이상적으로 들릴 수 있지만, 실현된다면, 실현할 수만 있다면 그만한 가치의 좋은 기업이 없을 정도로 완벽한 형태라 할 수 있을 것입니다.

또한 지난 2016년 8월 인근 지역인 구리시를 지역구로 하는 윤호중 국회의원이 발의한 '사회적경제기본법안'에는 "양극화 해소, 양질의 일자리 창출과 사회서비스 제공, 지역공동체 재생과 지역 순환경제, 국민의 삶의 질 향상과 사회통합 등 공동체 구성원의 공동이익과 사회적 가치의 실현을 위하여 사회적경제 조직이 호혜협력과 사회연대를 바탕으로 사업체를 통해 수행하는 모든 경제적 활동"이라 정의하고 있습니다.

코로나19 팬데믹으로 인해 고사 직전의 상황에 놓인 지역경제를 살릴 수 있는 대안으로 사회적경제만큼 적절한 대안은 없어 보입니다. 특히, 도농 복합도시이자 경기도의 중심 도시로 떠오르고 있는 남양주시에서의 사회적경제 활동들은 그 의미와 가치라는 측면에서 매우 큰 도전이자 실천과제일 것입니다.

저는 현재 경기도의원이자 '사회적경제활성화경기네트워크'의 공동대표로 활동하고 있으며, 단출하게 마련된 자리에서의 취임사를 통해 제 포부를 밝힌 바 있습니다. 당시 취임사를 소개하는 것으로 여덟 번째 비전에 대한 설명을 마치겠습니다.

"사회적경제활성화 경기네트워크 공동대표로 선출된 만큼 무거운 책임감을 느낍니다. 사회적경제는 지역공동체를 기반으로 시장경제의 양극화를 해소할 뿐 아니라 코로나19 상황 속에서 일자리 창출과 지역경제 활성화의 새로운 대안이 될 것입니다. 사회적경제 시스템 정착을 위해서는 사회적경제 주체를 비롯해 행정, 의회, 시민사회, 유관 기관의 정보 기술을 공유하는 지역 단위별, 업종별 파트너십이 더욱 확대돼야 합니다. 경기도의회는 도내 사회적기업, 협동조합, 마을기업, 자활기업 등 사회적경제 주체의 역할 확대를 위한 정책개발과 지원에 최선을 다하겠습니다."

서울신문 | 2020. 07. 27

사회적경제활성화경기네트워크 공동대표

경기도의회 문경희 부의장(더불어민주당, 남양주2)은 지난 24일 사회적
경제활성화경기네트워크 공동대표로 취임했다.

문경희 부의장은 "사회적경제활성화경기네트워크 공동대표로 선출
된 만큼 무거운 책임감을 함께 느낀다"며 "사회적경제는 지역 공동체를
기반으로 시장경제의 양극화를 해소할 뿐 아니라, 코로나19 상황 속에
서 일자리 창출과 지역경제 활성화의 새로운 대안이 될 것"이라고 말했
다.

이어 "사회적경제 시스템 정착을 위해서는 사회적경제 주체를 비롯
해 행정, 의회, 시민사회, 유관기관의 정보·기술을 공유하는 지역 단위
별, 업종별 파트너십이 더욱 확대돼야 한다"며 "경기도의회는 도내 사회
적기업, 협동조합, 마을기업, 자활기업 등 사회적경제 주체의 역할 확대
를 위한 정책개발과 지원에 최선을 다하겠다"고 말했다.

오늘 회의에는 신임 공동대표로 취임한 이재강 경기도 평화부지사
를 비롯해, 경기도의회 안혜영 의원, 이승봉 경실련 경기도협의회 상임
대표, 김성아 YWCA 경기지역협의회장, 최순영 경기여성연대 공동대표,
유덕화 경기복지시민연대 대표를 비롯한 NGO, 당사자조직, 유관기관
대표가 참석해 주요현안과 향후 발전방안에 대한 의견을 나눴다.

사회적기업 활성화 방안 정담회

문경희 경기도의회 부의장(더불어민주당, 남양주2)은 10일 도의회 부의장실에서 사회적기업 활성화 방안을 위한 소통의 시간을 가졌다.

문 부의장은 코로나19로 경영에 어려움을 겪고 있는 경기도 예비사회적기업의 지정기간 연장 건의, 사회적기업의 판로 확대 지원 방안, 사회적경제기업의 발전 및 활성화를 위한 방향성 등에 대한 심도 있는 이야기를 나눴다.

문경희 부의장은 "코로나19 팬데믹으로 인해 수익을 내기 어려운 상황 속에서도 지역사회와 취약계층과 결실을 나누려고 시간을 내어주신 사회적기업 전문가분들께 감사하다"며 "판로지원이 적시에 이루어져야 사회적기업이 건실하게 성장할 수 있다. 다양한 지원정책을 통해 사회적경제 확산 및 자생적 생태계 구축을 위해 노력하겠다"고 말했다.

이날 정담회에는 박진범 경기도사회적기업협의회 상임대표, 주태규 사회적협동조합 사람과세상 이사장, 전명호 남양주시사회적기업협의회 회장, 곽선미 경기도 사회적경제과장 등이 참석했다.

남양주 '물골안상인회' 회원들과 소통

문경희 경기도의회 부의장(더불어민주당, 남양주2)은 4일 남양주 수동면 소재 '물골안상인회' 개소식에 참석해 상인회원들과 소통의 시간을 가졌다.

'물골안상인회'는 침체된 상점가 육성과 상인조직 경쟁력 강화를 위해 구성된 상인회이다.

문경희 부의장은 "오늘 물골안상인회 개소식에 함께할 수 있어서 뜻깊다. 물골안상인회는 골목상권 활성화에 큰 역할을 하게 될 것"이라면서 "지역과 골목이 활발하게 살아 숨 쉬는 경제 공동체를 함께 만들어 보겠다"고 말했다.

문경희 부의장은 "코로나19의 장기화로 상인회의 전체적인 활동은 어렵지만 침체된 상인회원들의 사기를 올리고 골목 구석구석 활기가 넘치고 소상공인과 자영업자가 신나게 일할 수 있도록 최선을 다하겠다"고 덧붙였다.

이날 물골안상인회 개소식에는 조광한 남양주시장, 이상기 남양주시의원, 김명남 물골안상인회장 등이 참석해 사무실 현판식과 함께 간소하게 진행됐다.

서울신문 | 2021. 03. 03

남양주 서민금융복지지원센터 개소식

경기도의회 문경희 부의장(더불어민주당, 남양주2)은 지난 2일 경기도 서민금융복지지원센터의 12번째 지역센터인 남양주지역센터 개소식에 참석했다. 경기도서민금융복지지원센터는 경기도민의 금융복지 및 가정재무와 관련된 상담서비스를 제공하고, 경기도와 지자체 및 정부에서 실시하고 있는 복지서비스 연계를 통해서 서민들의 성공적인 경제적 자립과 회생을 지원하는 서민금융 안전망 역할을 위해 설립된 기관이다.

문경희 부의장은 "코로나19로 많은 분들이 재정적인 어려움에 시달리고 있다. 채무 문제로 잠 못 이루며 고통 받는 분들이 수요자 중심의 통합지원(올케어) 서비스를 지원하는 서민금융복지지원센터가 든든한 버팀목이 돼주길 바란다"고 당부했다. 이날 개소식에는 문경희 부의장을 비롯해 방재율 경기도의회 보건복지위원장, 이병우 경기도 복지국장, 이화순 경기도사회서비스원장, 진석범 경기복지재단 대표이사, 김미선 경기도서민금융복지지원센터장 등이 참석했다.

남양주 일자리센터 직업상담사와 소통

경기도의회 문경희 부의장(더민주, 남양주2)은 지난달 28일 경기도일자리재단 주관으로 진행된 남양주 고용복지플러스센터를 방문했다. 이번 정담회는 ▲일자리센터의 취업지원서비스 현황 ▲경기도와 재단의 일자리 광역 기능 확대 논의 ▲일자리 현장에서 느끼는 직업상담사들의 애로사항 및 건의사항 청취 등 재단과 협업할 수 있는 구체적 방안모색을 위한 소통의 시간을 가졌다.

문경희 부의장은 "코로나19 장기화에 따른 고용 불안정으로 구직활동하시는 분들이나 예비창업자분들에게 일자리센터가 일자리 창출을 위해 실질적 도움이 될 수 있도록 더 많은 노력을 기울여 주기 바라며, 지역 주민들에게 고용·복지서비스 제공기관으로 자리매김할 수 있도록 힘써달라"고 당부했다.

이날 정담회는 문경희 부의장을 비롯해 경기도일자리재단 제윤경 대표이사, 고용성장본부장, 경기도 일자리경제정책과장, 남양주시 일자리복지과장 등이 참석했다.

경기북도일보 | 2018. 02. 12

'학교 용역근로자 보호조례' 우수 조례 뽑혀

경기도의회 문경희 의원(더불어민주당, 남양주2)은 오는 21일, 한국지방자치학회가 선정한 '우수조례 제정 개인부문 장려상'을 수상한다고 12일 밝혔다.

이번 수상자는 한국지방자치학회가 지난 1년간('16. 9.1~'17. 8.31) 제·개정된 226개 기초자치단체 및 17개 광역자치단체의 신청 조례를 대상으로 엄정한 심사를 거쳐 선정했다.

문경희 의원이 대표 발의한 '경기도교육청 학교 용역 근로자 보호조례'는 전국 최초로 도내 학교에 근무하는 용역근로자들을 위한 조례이다.

주요 내용으로는 근로자의 ▲임금 산출 시 시중노임단가 적용 ▲근로환경 및 처우개선 등에 대한 실태조사 연1회 실시 ▲근로환경 개선에 소요된 비용에 대한 지원 등이다.

경기자활기업협회 감사패 받는다

경기도의회 보건복지위원회 문경희 의원장(더민주, 남양주2)은 지난 17일 경기도 수원시 세류동에 위치한 경기도자활기업협회에서 개최한 '경기도자활기업협회 정기총회'에 참석했다.

이번 정기총회에서 문경희 위원장은 '경기도교육청 학교 용역 근로자 보호 조례' 제정을 통한 근로자의 처우개선 향상에 이바지한 공로로 감사패를 받았다.

문경희 위원장은 학교 용역 근로자들이 만족감과 자긍심을 갖고 청소 및 경비직에 지속적으로 근무할 수 있도록 근로환경에 대한 보호와 지원 제도 마련에 최선을 다해 왔다.

문경희 위원장은 "취약계층의 안정적이고 지속적인 일자리 확충과 고용불안과 낮은 임금, 노동삼권 침해 등 근로자들이 겪고 있는 어려움을 해소할 수 있도록 적극 노력하겠다"고 소감을 밝혔다. 또한, "경기도 자활기업이 상생·발전할 수 있도록 적극 지원하겠다"고 말했다.

미디어투데이 | 2018. 02. 21

한국지방자치학회 우수조례 장려상 수상

경기도의회 문경희 의원은 21일, 한국지방자치학회에서 시행하는 제 14회 우수조례 선정에서 개인부문 장려상을 수상했다.

문경희 의원이 대표 발의한 '경기도교육청 학교 용역 근로자 보호 조례'는 경기도 내 각급 학교에서 근무하는 용역근로자에 대한 불합리한 차별을 시정하고 처우를 개선하기 위한 것으로 고용승계와 고용유지, 시중노임단가 적용, 근로환경 보호 등을 규정한 전국 최초의 용역근로자 보호 조례이다.

문경희 의원은 정부차원에서 '용역근로자 근로조건 보호 지침' 이외에 용역근로자 보호를 위한 구체적이고 실효성 있는 입법적 조치가 미비하고, 지침 준수도 강제하지 못하는 실정을 지적하며, 지자체 차원에서라도 공공부문 근로자들의 근로조건을 향상시키고 이를 통해 양질의 일자리 창출이라는 사회적 책임을 다하기 위해 관련 연구용역은 물론, 학교 청소용역 근로자, 학교 교장 및 교육청 담당자 등과의 조례 제정을 위한 현장 간담회 개최 등 지속적인 고민과 꼼꼼한 검토를 토대로 조례를 마련하게 됐다고 전했다.

실제, 본 조례 제정 이후, 도교육청 담당부서인 재무담당관실에서는 도내 공립 유치원, 초등학교, 중학교, 고등학교, 특수학교 1,948개교를 대상으로 조례 제3조에서 규정하고 있는 실태조사를 실시해 지난 2017년 6월까지 모든 학교로부터 자료를 제출받았으며, 해당 자료를 바탕으로 도교육청에서는 학교현장지도를 통해 조례가 학교현장에 적용될 수 있도록 행정적 노력을 기울였다.

그 결과, 학교용역 근로자에게 시중노임단가를 적용하는 학교의 비율이 지난 2015년 10%, 2016년 56%에 머물던 것이 2017년에는 90%를 상회하는 결과를 거두게 되는 등 조례 제정의 정당성과 타당성을 넘어서 실질적으로 학교현장을 변혁시키는 실효성 측면에서도 큰 의미가 있는 조례로 평가되고 있다.

"기후 위기, 식량 위기··· 탈탄소가 미래다"

'위기'라고 입으로는 말들을 하지만 그 심각성에 대해서는 잘 모르고 무시하는 경우들이 종종 있습니다. '나에게 직접적인 피해가 오기 전까지는 그냥 남의 일'로 치부하려는 경향 때문일 듯합니다.

최근 전 세계적으로 다양한 언론들을 통해 확인할 수 있는 '기후 위기', '식량 위기'가 바로 그렇습니다. 바로 내 눈앞에 닥친 어려움인데, 더구나 그 극복이 결코 만만한 과정이 아님에도 불구하고, 주변에서 경각심을 찾기란 쉽지 않습니다.

'기후 위기' 이전에는 '기후 변화'가 있었습니다. 단순히 바뀌고 있다고만 생각했습니다. 그런데 자꾸 더워지는 날씨로 빙하가 녹고, 바닷물이 늘어, 우리가 발 딛고 사는 육지가 점점 줄어들고 있습니다. 평균 기온이 오르면서 생태계의 변화가 일어나 예전에 없던 질병이 나타나고 있습니다. '단순한 변화'인 줄 알았던 것이 '심각한 위기'임을 알기까지 수십 년이 걸렸습니다.

기후 위기는 식량 위기로 직결됩니다. 더운 데 먹을 것조차 없어지는, '엎친 데 덮친 격'으로 '설상가상'이라 할 만합니다. 가만히 보고 있을 수만은 없습니다. 태양은 온 지구를 태울 듯 뜨거워지고, 바닷물은 찰랑찰랑 넘쳐 인류의 주거지를 위협하고 있습니다. 이대로 당할 수는 없습니다. 우리 남양주시, 대한민국을 넘어 전 지구적 문제로 인식하고 서로 힘을 모아 위기 극복에 나서야 합니다. 앞서 '프롤로그'를 통해 언급했던 것처럼 새로운 접근방식이 필요합니다.

먹고 사는 문제에 여야가 따로 있을 수 없습니다. 생존을 위한 투쟁에 남녀가 다를 수 없습니다. 더구나 이 위기는 다름 아닌 우리 스스로 만들어 낸 문제입니다. 누굴 탓할 수도 없고 탓한다고 내가 짊어질 책임감이 줄어드는 것도 아닙니다. 원인 제공자이면서 문제해결자로서 적극적으로 나서야 하고, 여기로부터 자유로울 수 있는 사람은 없습니다.

대한민국 대표 지방정부인 경기도가 나선다고 합니다. '탄소중립', '녹색성장'이라는 청사진을 밝히고 민간 출자를 통한 펀드도 조성한다고 합니다. 산업단지 조성에도 탄소중립이라는 가치가 반영될 예정이며, 굴뚝 연기를 벗어나는 녹색경제로의 전환도 이뤄질 전망입니다. 이를 위해 도민들이 직접 참여해 달성할 수 있는 재생에너지 확대까지 포함돼 있습니다.

이런 일련의 과정에서 가장 중요한 것이 저탄소 공정, 탈탄소로의 전환이라 할 수 있습니다. 경기도는 이를 위해 '(가칭)2050 경기도 탄소중립 마스터플랜'을 수립해 정부 정책과 연계하는 한편 관련 조례도 준비 중인 것으로 압니다. 격려 및 응원과 함께 더 꼼꼼하게 지켜봐야 할 것입니다.

'탄소중립'에 대해 조금 더 자세히 소개하겠습니다. '탄소중립'이란 이산화탄소를 배출한 만큼 이산화탄소를 흡수하는 대책을 세워 이산화탄소의 실질적인 배출량을 '제로(0)'로 만든다는 개념입니다. 이산화탄소를 배출하는 것은 비단 기업뿐 아니라 우리 개인도 마찬가지입니다. 즉, 개인 모두 탄소중립의 의무를 지고 있는 것입니다. 그 핵심은 에너지 소비 절감과 에너지 전환이라 할 수 있습니다. 절감은 말 그대로 배출량 자체를 줄이는 것이며, 전환이란 내연기관차에서 전기차로 바꾸는 것이 대표적인 것입니다.

여기서 파생된 개념으로 '저탄소 농사'carbon farming 혹은 '무경운 자연농법'이라는 것도 있습니다. '기후변화대응농생명연구소' 소장인 최우정 전남대 교수는 '세계농업' 21년 9월호를 통해 "탄소중립을 위해서는 지속가능 농업을 위한 여러 실천 기술을 도입하여 식량을 안정적으로 생산함과 동시에 수질오염 등 환경에 대한 부정적인 영향을 최소화하고 그와 함께 토양에서 방출되는 CO_2를 저감하기 위한 노력이 필요하다"고 강조했습니다. 당연히 친환경적일 것으로만 생각했던 농업에도 이젠 저탄소 정책이 도입되어야 한다는 측면에서 시사하는 바가 크다고 생각합니다.

탄소중립 시대에 각광 받는 '그린 잡(Green Job)'에 대해서도 소개하고 싶습니다. '그린 잡'은 친환경적 제품과 서비스를 생산하거나 친환경적인 생산과정을 통해 환경보존과 회복에 기여하는 직업을 말합니다. 특히 신재생에너지와 수소 연료전지 분야가 가장 크게 주목받고 있습니다. 독일에서는 스티로폼 대신 짚을 이용한 천연 단열 포장재를 개발한 회사가 주목을 받기도 했습니다. 우리가 나아갈 방향을 잘 보여주는 사례라 할 수 있습니다.

솔직히 말해서 저는 불과 1년 전만 해도 부끄럽게도 기후 위기에 대한 심각성에 대해 제대로 인식하지 못하고 있었습니다. 벌써 15년째, 기후 위기에 대해 '경각심을 가지고 이제는 모두가 함께 행동해야 한다'며 강한 신념을 가지고 환경운동과 탈탄소 운동을 실천하고 계신 김규봉 신부님의 말씀에 귀 기울이다 보니 기후변화로 초래되는 일련의 기상이변 및 위기 징후들에 대한 언론 보도 등에 관심을 갖게 되었습니다.

그렇다면 전국 최대 지방자치단체인 경기도의 준비는 어느 정도인지 점검해보게 되었으며, 어느덧 이제는 기후 위기에 대응하여 다 함께 행동할 때라는 경각심의 소지자가 되었습니다. 시대의 요구에 응답해야 하는 도의원으로서 적극적으로 나서서 행동으로 옮겨야겠다고 결심하기에 이르렀습니다.

최근에는 관련 정책토론회 참석도 하고 경기도의회 도민 소통 프로젝트인 '정책편의점'을 통해 "기후 위기에 대비하는 탄소중립 정책, 경기도의회와 경기도에 바란다"는 주제로 유튜브 대담 프로그램을 진행하기도 했습니다. 이 자리에는 각 분야의 여러 전문가들, 특히 기후 위기 대응 활동가들이 함께했습니다. 많은 것을 배울 수 있었습니다.

또한 'ESG와 복지 정책콘서트'라는 토론회 좌장을 맡아 공공영역에도 환경을 먼저 생각하고 기후위기에 대응하며 실천할 수 있도록 ESG 경영 평가 기준 등 다양한 방안 마련을 위한 정책 콘서트도 개최하였습니다.

결론은 쉬운 것부터 시작해야 한다는 것입니다. 특히 먹거리에 대한 생각부터 바꿔야 합니다. 그래야 탄소 배출량을 줄일 수 있습니다. 저부터 조금씩 노력하겠습니다.

짧은 기간이지만 그 사이 기후 위기 극복을 위한 대응 교육 추진, 먹거리 아카데미 참석, 탈석탄 국토 도보 순례 참여, 탄소배출의 주범인 석탄, 석유 같은 화석연료에너지 대신 자연재생에너지를 쓰기 위한 노력 등 다양한 활동들을 전개했습니다. 그리고 더욱 적극적인 활동을 하기 위해 최근에 경기도의회에서 구성된 '탄소중립 특별위원회' 위원으로 활동하고 있습니다.

대부분의 사람들이 관심 갖지 않을 때부터 지구와 환경을 생각해왔고, 저를 비롯한 주변 사람들에게 함께 행동하자 권하며 공동선을 실천하고 계신 김규봉 신부님께 이 책을 통해 다시 한 번 깊은 감사를 드립니다.

다음에 소개하는 관련 기사들은, 현재 우리가 얼마나 심각한 위기에 처해 있는지, 왜 우리가 탄소중립을 위해 이러한 노력을 전개해야 하는지에 대해 고민하면서 그간 활동해온 내용들입니다. 관련 내용을 보시면 조금은 기후위기에 대한 심각성에 대한 공감 및 이해가 넓어지리라 기대합니다.

경기도 2050 탄소중립 실현 위한 정책토론회

문경희 경기도의회 부의장(더민주, 남양주2)은 24일 '경기도 2050 탄소중립 실현을 위한 법제도 개선방안 정책토론회'에 참석했다.

문경희 부의장은 "기후변화의 문제는 더 이상 미룰 수 없는 전지구적 과제이며 미래 우리 아이들이 숨을 쉬고 꿈을 꾸며 살 수 있게 하는 가장 기본적인 의무이다"며 "오늘 토론회를 통해 경기도가 탄소중립을 이루기 위한 법제도에 대한 실질적이고 효과적인 개선방안을 찾기를 기대한다"고 말했다.

좌장을 맡은 경기도의회 기획재정위원회 원미정 위원이 토론회를 이끌었고, 이필근 부위원장, 정희시 위원, 도시환경위원회 장동일 위원장, 김진일 위원, 이용철 경기도 행정1부지사, 강관석 기후위기 경기비상행동 상임공동대표, 민간전문가 등이 참석했다.

탄소 걱정 없는 2층 전기버스 개통 현장 점검

경기도의회 문경희 부의장(더민주, 남양주2)은 9일 남양주 진건읍 사능차고지에서 2층 전기버스 개통 전 현장점검에 참석했다. 최근 탄소중립이 우리나라를 포함한 전 세계적 화두로 떠오르는 가운데, 수송력과 친환경을 고루 갖춘 '2층 전기버스'가 남양주에 투입되며 M2323, M2352 번호판을 달고 운행하게 된다.

문경희 부의장은 "출근길이면 수도권 광역버스 좌석을 꽉 채우고 서서 가는 사람들로 붐빈다. 2층 전기버스 도입으로 수도권 교통난을 해소하고 이산화탄소 배출량이 없는 친환경 교통수단으로 쾌적한 교통서비스가 제공될 것으로 기대된다."며 "경기도의회에서는 전세계적 기후위기 시대에 즈음하여 그린 경기도를 만들어가기 위해 탄소중립을 실천하며 앞장서도록 노력하겠다."고 말했다.

9일 열린 현장점검에는 백승근 대도시권광역교통위원회 위원장, 조응천(남양주갑)국회의원, 김미리 경기도의원, 김영실·박은경·최성임 남양주시의원, 오철수 남양주시 교통국장, KD운송그룹 허상준 대표이사, KD운송그룹 곽두영 영업본부장, 펌프킨㈜ 최용하 대표이사, 현대자동차 윤길중 상용국내상품팀장 등이 참석했다.

남양주시 화도 농민장터 개소식

문경희 경기도의회 부의장(더불어민주당, 남양주2)이 지난 26일 '남양주시 화도 농민장터' 개소식에 참석했다.

'화도 농민장터'는 남양주시 농민들이 직접 재배한 신선하고 안전한 먹거리를 지역공동체가 바로 소비하는 직거래 장터다.

직거래 장터는 지역 공동체가 상생할 수 있는 자리뿐 아니라 환경과 기후변화 위기까지 대응하는 환경보존의 현장을 마련해야 한다는 취지로 진행됐다.

직접 재배한 매실을 판매하기 위해 나온 농민 김성칠 씨는 "오랜만에 활성화된 장터를 보니 뿌듯하다. 다음 주에 열릴 농민장터가 벌써 기대 된다"고 소감을 전했다.

문 부의장은 "농민 직거래장터 개소에 한마음 한뜻으로 힘을 모아주고 애써주신 모든 분들께 감사드린다"면서 "코로나19로 어려움을 겪는 농가를 돕고, 안전한 지역 농산물을 시민들에게 제공할 수 있도록 시장 활성화 방안 마련을 위해 지속적으로 함께 고민하겠다"고 말했다.

이날 개소식에는 김인영 경기도의회 농정해양위원장, 이상기 남양주시의원, 박영주 경기도농수산진흥원 전력사업본부장, 이장범 남양주농업기술센터 동부지소장, 정진춘 남양주자원봉사센터장, 최상복 화도농

...일 오전10시 ~ 오후2시. 매주 화. 목 오전10시 ~ 오후1시   장소 : 창현 주공아파트 뒷길

협조합장, 홍옥자 화도농민장터위원장 등이 참석했다.

한편, 경기도농수산진흥원에서 지원하는 공모사업에 선정된 화도 농민장터는 '남양주시 농산물 이용촉진 등 농산물 직거래 활성화에 관한 조례'를 기반으로 한 남양주 자원봉사센터와 화도농민단체와의 협업 사례로 농가소득 활성화 도모에 마중물 역할을 할 것으로 기대된다.

공공영역 ESG도입과 사회안전망 구축 주문

경기도의회 문경희 부의장(더민주, 남양주2)은 12월 17일 경기도 인재개발원에서 개최된 'ESG와 복지 정책콘서트'에 좌장으로 참여했다. '복지는 왜 ESG에 관심을 가져야 할까?' 주제로 기업을 넘어 국가경영의 패러다임으로 자리 잡고 있는 ESG에 대한 개념, 발전 맥락, 정책 동향을 파악해 복지에 적용 가능성을 탐색하기 위해 다양한 의견을 개진했다.

좌장을 맡은 문경희 부의장은 "국민의 삶과 가장 밀접한 복지영역에도 ESG의 가치를 적용하여 변화와 혁신의 계기를 만들어야 한다. 그 시작이 바로 오늘이며, 정책콘서트를 통해 방향을 찾기 위한 고민을 함께 나누는 자리가 되길 바란다"며 "경기도가 공공영역에서 ESG를 적극 도입해, 코로나19 변종바이러스 대응 및 꼼꼼한 사회안전망 구축에 선제적으로 대비하여야 한다"고 말했다. 또한, 문경희 부의장은 2021 행정사무감사에서 환경, 사회, 지배구조라는 ESG 경영개념을 복지재단의 사회복지서비스 제공에 선도적으로 도입해, 실효성 있는 정책을 집행할 것을 주문했다.

이날 정책토론회는 서상목 한국사회복지협의회 회장, 안치용 한국ESG 연구소장, 고재경 경기연구원 생태환경연구실 선임연구위원, 김희연 경기복지재단 정책연구실 선임연구위원, 김민재 포천종합사회복지관 기획팀장, 황선희 지속가능경영재단 이사장 등이 함께했다.

경인신문 | 2021. 06. 14

교육지원청과 기후변화 대응 논의

경기도의회 문경희 부의장은 지난 11일 경기도의회 남양주상담소에서 구리남양주교육지원청 담당자와 기후변화 대응교육 추진 등에 대해 논의하는 자리를 가졌다.

문경희 부의장은 "코로나19 팬데믹도 기후변화가 직접적인 역할을 한 것이라는 연구 결과가 있었다. 이처럼 기후변화의 위기는 참으로 심각하다"며 "학생들에게 우리의 삶을 위협하는 기후변화에 대해 교육해, 학생들이 환경 파괴에 대한 경각심을 가지고 탄소중립 실현과 저탄소 생활에 관심을 가질 수 있도록 환경교육을 적극적으로 추진해 달라"고 당부했다.

구리남양주교육청은 2021년 중 관내 초·중·고 학생과 교사들에게 기후변화대응교육을 추진할 계획이며 그 내용은 연수자료 제공을 통한 교원 역량 강화와 창의적 체험활동을 통한 기후 변화 교육, 홈페이지와 공문을 통한 환경 교육 홍보 등이다.

에필로그

남양주시의 발전을 위한 삶과 꿈

이 책의 시작을 공정과 위기에 대한 저의 생각으로 열었습니다. 그 생각들은 세상을 살면서 경험하고 자라면서 느낀 저의 가치관이기도 합니다. 그런 저의 삶의 이야기와 '내가 정치를 한다면, 더 구체적으로 단체장이 된다면'이라는 가정 하에 9가지의 영역으로 나누어 도의원 3선을 거치는 동안 시행했던 정책들과 의정활동들을 정리해 보았습니다.

비전 1은 교육 분야에 대한 이야기입니다. 어린 시절 직접 경험했던 에피소드를 통해 "엄마는 안심, 아이는 행복"이라는 주제가 어떻게 해서 정해지게 된 것인지 서술하였고, '학교용지분담금'이라는 당시 아주 크고도 해묵은 이슈를 해결하는 과정에서 당시 김문수 도지사와 언쟁을 펼쳤던 내용 등을 언론보도와 함께 구체적으로 담았으며, 저의 지역구인 남양주시 화도 지역에도 학교가 필요한 곳에 학교를 지어야 한다는 생각으로 천마중학교(당시 가칭 묵현중학교) 설립을 추진했던 일, 무상급식·혁신학교 특별위원회 활동을 하면서 지역의 마석고등학교를 혁신학교로 지정토록 노력하여 결국 혁신학교 지정이 되도록 하였고, 지역의 명문 심석고와 마찬가지로 마석고도 학생들이 진학하고 싶은 좋은 학교로 만들기 위해 노력했던 과정들을 소개했습니다. 그리고 시대의 요구에 당당히 부응하며, 누리과정의 문제점을 해결하기 위해 투쟁했고, 누리과정의 운영으로 약화된 교육재정을 강화하기 위한 다양한 노력을 해왔습니다. 그 이후에는 지역의 교육환경 개선을 위한 여러 가지 노력들을 담았습니다.

비전 2는 복지에 대한 구상입니다. 경기도의회 보건복지위원장을 지냈던 경험과 현재 보건복지위원으로서 일하면서 직접 느낀 것을 중심으로 다양한 현장 의정활동들을 상세히 담았으며, 장애인 복지정책, 노인복지정책 등 영역별 복지정책을 포함했습니다. 무엇보다 생애주기별 복지정책이 효율적으로 잘 추진되기 위해서는 지역격차가 없도록 복지도 균형발전을 이루어야 하기에 복지균형발전을 위하여 노력한 다양한 활동들을 언론 보도 자료를 중심으로 엮었습니다.

비전 3은 생활 분야입니다. 주거, 교통, 문화·예술 그리고 삶 등 세 분야로 나누어서 기술하였습니다. 주택정책에서는 기본주택과 사회주택에 대해 기술하면서, 특히 청년들의 안정된 주거를 위한 청년주거정책을 '청년주거안정지원조례'를 중심으로 서술했습니다. 교통 분야에서는 수도권교통본부 의장과 건설교통위원을 맡으면서 지역의 상습교통체증지역인 강변북로 문제해결을 위해 뛰었던 활동을 포함한 교통정책을 언론 보도 자료와 함께 상세히 담았으며, 문화예술과 삶 부분에서는 저의 생각과 거의 흡사한 문화예술 관련 생각을 가진 우리 지역 예술기획전문가 양정순 대표의 생각을 정리해서 함께 실었습니다.

비전 4는 균형발전에 대한 내용입니다. 경기 남부와 북부 그리고 동과 서의 균형발전이 반드시 필요하다는 저의 소신을 밝혔습니다. 그 활동으로 전국 광역의회 중에서 최초로 경기북부분원을 추진했던 일, 우리 지역 남양주가 경기 동북부에 위치해 있으면서 중첩 규제로 주민들이 피해를 받고 있으므로, 경기도 공공기관을 우리 남양주시로 이전시켜줄 것을 촉구하는 내용을 보여드렸습니다.

비전 5는 자치분권에 대해서 기술했습니다. 주민은 참여하고 지방은 도약한다는 주제로 대통령소속 자치분권위원회 정책자문위원으로 위촉되어 활동한 내용과 최근 개정된 지방자치법 전부 개정안을 환영하면서도 다소 불완전한 개정임을 아쉬워하며 개정된 법률의 문제점을 기술하였습니다.

비전 6은 여성 분야입니다. 세상의 절반이 여성인 만큼 사회적 지위로 딱 그만큼만 차별 없이 성 평등한 사회가 되도록 사회 분위기가 조장되어야 한다는 내용을 담았습니다.

비전 7은 민주주의에 대한 저의 철학입니다. 민주주의의 보편적인 근본이념인 '인간존중'사상과 자유, 평등에 대해서 원론적으로 다루었고, 우리 지역 모란민주화공원과 마석성생공단을 중심으로 우리나라의 민주주의를 지켜내기 위해 자신을 헌신했던 민주열사들과 우리 사회의

소수인 다문화이주민 노동자의 권리와 한센인들의 권익을 위한 활동들에 대해서 서술했습니다.

　비전 8은 경제 이야기입니다. 자본주의의 문제점의 보완할 수 있는 대안으로 사회적 경제를 도입할 것을 제안하였습니다.

　비전 9에서는 기후위기를 주제로 다뤘습니다. 과다한 이산화탄소 배출 등으로 유래된 기후위기가 식량위기로 이어질 수 있고, 이는 인류의 존재자체가 불확실해질 수 있는 심각한 문제이니 만큼 탄소중립을 위한 다양한 실천 활동을 함께 해나가자는 내용입니다. 기후위기에 대응하기 위한 다양한 활동 등을 언론보도 자료를 통해 밝혔습니다. 그리고 기후위기에 더욱 적극적으로 대응하기 위해 최근 경기도의회에서 구성된 탄소중립위원회에서 위원으로 활동하게 되었음도 알려드립니다. 앞서 1부 '경희 이야기'에서는 기후위기 극복을 위한 방안으로 대체에너지를 사용할 것을 권유하고, 특히 자연재생에너지인 태양에너지로 남양주시를 에너지 자립도시로 만들고 싶다는 꿈을 나타내기도 했습니다.

　생애 처음으로 책을 써보겠다며 머리를 싸매고 긁적였던 이 글들이 정치를 준비하고자 하는 정치 지망생, 우리 남양주시의 발전을 위해 노력하고자 하는 사람들, 그리고 그동안 저 문경희가 한 의정활동에 대해서 궁금하신 모든 분들에게 조금이라도 공감을 얻기를 희망합니다. 또한 이 글을 쓰면서 좋았던 점은 그동안 앞만 바라보고 쉼 없이 살아왔던 저의 삶을 한번 돌이켜보게 되었다는 것입니다.

생각해보니 저는 참 많은 사람들에게 신세를 지고 살고 있었습니다. 성장기에는 돌아가신 어머니와 형제자매들에게 받은 사랑과 희생에 고맙고 또 미안했습니다. 지금의 제가 제대로 설 수 있도록 든든하게 뒷받침해주고 저를 지켜주는 가족들, 특히 남편과 아이들에게 고마운 마음입니다. 경기도의회 부의장이라는 현재의 위치에서 지역 심부름꾼으로서 역할을 할 수 있도록 저를 믿고서 선택해주신 지역주민들께도 고마움을 전합니다. 또 일일이 다 열거할 수는 없지만 정신적인 멘토가 되어 저를 이끌어주신 많은 분들로부터 받은 사랑을 잊지 않아야겠다고 다짐하는 계기가 되었습니다.

저를 아는 모든 분들께 이 책을 통해 감사를 드립니다. 아무쪼록 부족한 글이지만 솔직한 저의 삶과 생각을 고백한 글이므로 조금의 울림이라도 드릴 수 있기를 희망해 봅니다. 고맙습니다.

2022년 2월
문경희 드림

나에게는 꿈이 있습니다

제1판 1쇄 인쇄	2022년 2월 22일
제1판 1쇄 발행	2022년 2월 25일

지은이	문경희
펴낸이	김덕문

책임편집	손미정
디자인	블랙페퍼디자인
마케팅	이종률
제작	백상종

펴낸곳	더봄
등록일	2015년 4월 20일
주소	서울시 노원구 화랑로51길 78, 507동 1208호
대표전화	02-975-8007 ‖ **팩스** 02-975-8006
전자우편	thebom21@naver.com
블로그	blog.naver.com/thebom21

ⓒ 문경희, 2022

ISBN 979-11-88522-99-6 03340